LEMBREMOS DO FUTURO

JULIÁN FUKS

Lembremos do futuro

Crônicas do tempo da morte do tempo

COMPANHIA DAS LETRAS

Copyright © 2022 by Julián Fuks

Grafia atualizada segundo o Acordo Ortográfico da Língua Portuguesa de 1990, que entrou em vigor no Brasil em 2009.

Capa
Victor Burton

Imagem de capa
Coffee Pot and Two Cups, de Norman Lundin, 2019. Óleo sobre tela, 50,8 × 76,2 cm

Preparação
Mariana Donner

Revisão
Carmen T. S. Costa
Julian F. Guimarães

Dados Internacionais de Catalogação na Publicação (CIP)
(Câmara Brasileira do Livro, SP, Brasil)

Fuks, Julián
    Lembremos do futuro : Crônicas do tempo da morte do tempo / Julián Fuks. — 1ª ed. — São Paulo : Companhia das Letras, 2022.

    ISBN 978-65-5921-215-6

    1. Crônicas brasileiras I. Título.

22-101779   CDD-B869.8

Índice para catálogo sistemático:
1. Crônicas : Literatura brasileira   B869.8
Maria Alice Ferreira – Bibliotecária – CRB-8/7964

[2022]
Todos os direitos desta edição reservados à
EDITORA SCHWARCZ S.A.
Rua Bandeira Paulista, 702, cj. 32
04532-002 — São Paulo — SP
Telefone: (11) 3707-3500
www.companhiadasletras.com.br
www.blogdacompanhia.com.br
facebook.com/companhiadasletras
instagram.com/companhiadasletras
twitter.com/cialetras

Para Fê, Tutu e Peps, companheiras para toda uma vida, das tardes de tempestade às manhãs íntimas e festivas

Sumário

Apresentação — Pensamentos de vida
contra o assédio da morte, 9

A morte do tempo, 13
O medo do fim, 17
Inventário de saudades e perdas, 21
Um país sem máscara, 25
Sobre a beleza, etc., 29
Elogio da casa, 33
Falência do sentido, 37
Nostalgia do abraço, 41
Lembremos do futuro, 45
A vida sob a tempestade, 49
Confissão ao general, 53
O recomeço, invenção adorável, 57
Haverá uma história?, 61
Sobre outros Carnavais, 67
O último homem, 71

A nova variante do autoritarismo, 75
O samba que perdemos, 79
Sobre a dor dos outros, 83
Dos deveres insistentes da quarentena, 87
O amor nos tempos da covid, 91
O trabalho que nos impomos, 95
Sobre o rosto monstruoso do mundo, 99
A viagem dos elefantes, 103
Um ano de silêncio, 107
A vida em anticlímax, 111
A imoralidade da alegria, 115
O que será da escrita sem solidão?, 119
O vulto atroz do país, 123
O fim do fim do mundo, 127
Por um triz, 131

Apresentação

Pensamentos de vida contra o assédio da morte

Ali fora, o tempo não se ouvia, não passava de uma brisa sutil que mantinha intactas as janelas. Nada no céu límpido, nada nas ruas vazias anunciava a dimensão da tragédia, a profusão das vítimas, a vastidão das perdas. Pode ser silencioso o medo, eu descobria, pode ser silenciosa a morte massiva. Como um bombardeio que vitimasse centenas num só dia, e logo milhares num só dia, mas um bombardeio inaudível, o mais discreto ataque que já atingiu a humanidade. O tempo era só silêncio e iminência de coisa nenhuma.

Nunca mais escreverei uma linha, pensei por um brevíssimo instante, ou mais precisamente temi. A casa era o exato contrário da falsa calma exterior, a casa era o ruído contínuo dos dramas menores, das apreensões cotidianas que insistem em ofuscar as alegrias legítimas. Minha filha mais nova chorava em meu colo suas pequenas urgências, suas demandas ordinárias de bebê, sempre absolutas e cheias de estridência. A maior protestava com palavras enfáticas, exigia qualquer coisa mais divertida, uma nova brincadeira, uma nova companhia. Encerrada no escritório que antes dividíamos, minha mulher conhecia a indolência do trabalho remoto, com suas horas dilatadas, sempre iguais umas às outras. Nunca mais escreverei uma linha, pensei, no exagero tão próprio da época. Enquanto isso tudo não tiver fim, suavizei, já não serei capaz de escrever nenhuma linha.

Procurei entender o que havia nesse vaticínio insensato que eu lançava contra mim mesmo. Era falta de tempo, sim, era o excesso que domina a vida parental sem intervalo ou respiro, com sua confusão característica, e o torpor que suscita, a letargia, tudo acentuado pelo confinamento. Mas era mais do que isso, eu era mais do que um pai atormentado pedindo algum sossego. Era um escritor em desalento, desiludido com o mundo, assombrado com o tempo, e apartado de toda possibilidade de encontro com a escrita.

Aquela experiência não era narrável, não consistia em história nenhuma, nenhum enredo. Era o silêncio da morte a velar o mundo, era a morte também das palavras que o descrevessem. Um bombardeio literal é uma experiência farta aos sentidos, é uma tragédia manifesta com estrépito — foi o que me disse Virginia Woolf em seus "Pensamentos de paz durante um ataque aéreo". Mesmo quem se abriga o percebe indubitavelmente: uma bomba cai ao longe, as janelas trepidam. Treme também o peito de quem escuta a bomba cair, e assim a existência interior e a exterior se conectam, o sujeito tomado de temor participa de seu tempo. Algo muito distinto vive quem testemunha uma tragédia inaudível, ou, justamente, quem não a testemunha. O fato histórico acontece à distância, inacessível aos sentidos; o sujeito recebe de seu tempo não mais que notícias remotas e indiretas.

O que lhe resta é a experiência do banal, da vida costumeira e ínfima, tão diferente da excepcionalidade brutal que toma conta do mundo, que o assola, que o transforma a cada minuto sem que o sujeito o veja — sem que o tempo de fato exista. A vida em isolamento é quase toda atípica, mas se repete com variações entre uma casa e outra, perde sua singularidade, faz-se genérica e por isso indizível. O escritor está passando por uma das experiências mais extremas de sua vida e, no entanto, sabe que não terá nada a dizer a respeito: incontáveis escritores estão vivendo, nesse instante, em condição idêntica à sua, e o mais provável é que não haja originalidade nenhuma no que qualquer um deles tentar escrever.

Ainda assim as ideias o visitam, ainda assim as ideias não deixavam de me visitar enquanto eu cuidava das minhas filhas, enquanto penava para diverti-las ou distraí-las, ou quando enfim elas dormiam e o silêncio se fazia mais audível. Qualquer momento do dia trazia a marca da inquietude, a qualquer momento eu me via acossado por pensamentos que não alcançariam função nenhuma, que se perderiam inúteis pelos cantos do apartamento. Nisso, ao menos, Woolf e eu nos parecíamos. Como ela, eu poderia indagar a mim mesmo: "Por que não enterrar a cabeça no travesseiro, fechar os ouvidos e cessar essa atividade fútil de ter ideias?".

Porque não cabe morrer antes do tempo, eu poderia lhe responder, ou eu decidi responder a mim, porque não cabe sucumbir à morte menor que é a ausência do pensamento. E porque, num tempo em que impera a morte, nada é mais necessário do que encontrar os espaços em que a vida resiste, suas revelações súbitas, seus assombramentos sensíveis, suas inesperadas manifestações de beleza, seus rompantes líricos. Que o presente tão absoluto se deixasse ocupar pelos resquícios do passado e pelas promessas do futuro, essa a sua completude possível. Que a escassez de tempo pudesse dar lugar a um excedente de vida, era a isso que me impeliam os pensamentos, era disso que se povoavam os meus dias caóticos e minha ordeira insônia.

Naquela madrugada vasculhei minha caixa de e-mails à procura de uma mensagem longínqua, envelhecida três anos, um convite para que escrevesse uma coluna semanal para o portal UOL. Ainda é válido esse convite?, perguntei. Cabe um cronista a mais nessa imensidão de textos sobre a extravagância do presente? Ainda não sabia o que escrever, ou como escrever, em que tempo escrever, mas sabia contra o que desejava escrever. Contra o assédio da morte, da paralisia, do silêncio, do medo, da alienação, do esquecimento, contra aquilo que já me corroía por dentro e me exigia pensamentos de resistência, pensamentos de vida. Foi para isso que me pus a produzir textos livres, de um gênero impreciso que eu desconhecia, escondendo até de mim mesmo que pouco a pouco eu escrevia este livro.

A morte do tempo

Num momento indefinível entre os primeiros raios do amanhecer e a luz ofuscante do meio-dia, o tempo deixou de fazer sentido. Não houve alarde, não houve ruído, nenhum estrondo que anunciasse algo tão atípico. Alguém poderia imaginar relógios paralisados, calendários embaralhados, dias e noites fundindo os seus limites e tingindo o céu de cinza, mas não houve nada disso. O tempo desprovido de sentido era um acontecimento coletivo, mas estritamente íntimo. Não provocava mais que um torpor, uma indiferença, um tipo peculiar e profundo de desalento.

Difícil conceber a variedade de maneiras como a inexistência do tempo afetou cada casa, cada indivíduo detido numa hora infinita. Uns aumentaram o ritmo de suas tarefas corriqueiras, cobrindo o silêncio com um automatismo de gestos, lavando as mãos incessantemente, limpando com obsessão salas, cozinhas, banheiros. Outros não conseguiram impedir que o torpor tomasse conta dos seus corpos, e assim se mantiveram atirados nos sofás, inertes e impotentes — acompanhando com atenção difusa as notícias sempre semelhantes a si mesmas, toda a matemática da tragédia. Era possível que algum resquício do tempo ainda se deixasse mensurar, não por minutos, horas, dias, mas por acumulação de mortos nos gráficos televisivos.

Tudo eu observava pela janela, passeando o olhar pelos apartamentos vizinhos, me distraindo com aquela vida em frestas que a paisagem me oferecia. No exato momento da morte do tempo, se bem me lembro, eu estava deitado na rede contemplando apenas as ruas vazias. Senti que aquele instante se desgarrava do anterior e do seguinte, eternizava-se em sua insignificância, ganhava peso. O que se produzia era um inchaço do presente, como se seu vulto engordasse tanto que ocultasse o passado e bloqueasse a vista do futuro inteiro. Mesmo dos dias próximos, dias ensolarados de liberdade e inocência, já me restavam apenas lembranças remotas, carregadas de nostalgia, à beira do esquecimento. Quanto ao futuro, era tão incerto que se cancelava completamente, tornando insensato todo plano que eu concebesse, todo amor que cobiçasse, todo livro que almejasse escrever. A paralisia do tempo, eu percebia, tomava de uma vez as casas e os corpos, condenando à imobilidade também as pernas, os braços, as mãos, a existência.

Naquele dia, ou em outro qualquer, o Brasil contabilizava mil e uma mortes. Suponho que o simbolismo do número tenha contribuído à falência do tempo, pois lhe roubava até mesmo os ponteiros fatais, esgotava a unidade de medida derradeira. As mil e uma mortes eram como as mil e uma noites, eram mil mortes e mais uma morte, eram infinitas mortes e mais uma, eram infinitas mortes. Uma população inteira descobria, num mesmo interminável instante, que era capaz de experimentar em vida o caráter extemporâneo da morte. Que não era nem preciso vivenciar a dor e a infelicidade para se encontrar fora do tempo, que bastava a iminência da dor e da infelicidade — bastava que essa iminência se tornasse ampla e impessoal para que toda a ordem temporal colapsasse.

E então, quando já não restava mensuração possível, quando tudo era desnorteio e temor e tédio, vi que não demoraram a aparecer os aproveitadores, os que queriam fazer da ausência do tempo um tempo velho. Pouco a pouco, embora tudo se assimilasse num só momento, os rostos mais frequentes nos jornais foram ganhando feições sinistras, suas vozes se fazendo mais sombrias, suas expressões se assemelhando cada vez mais às de outras décadas. Quem observasse com atenção podia ver nas maiores autoridades do país a imagem quase caricata de figuras anacrônicas — sob os ternos o contorno das fardas, na sombra dos sapatos a forma dos coturnos, em suas mãos canetas longas como cassetetes.

Ouvi-los podia ser mais desesperador do que examinar seus gestos e vestimentas. Suas declarações eram o eco de outras declarações, sempre estapafúrdias e violentas. Começavam por desdenhar mortes e medidas preventivas, e contradizer pesquisas científicas, e pregar o uso de um elixir capaz de extinguir a pandemia. Passavam pela necessidade de retomar o regime de trabalho em detrimento de toda consequência, o desejo de produzir e cortar salários e derrubar a mata e assim abrir terreno para crescer. Culminavam, sempre, na perseguição de toda voz que se alçasse contra eles, na afronta direta a críticos e dissidentes, no anseio de subjugar seus inimigos políticos, todos comunistas, terroristas, subversivos.

Quando se calavam, produzia-se algo mais do que silêncio. Naquele dia, ou em outro qualquer, o que se produziu em mim foi um princípio de claustrofobia e a necessidade irreprimível de partir, subitamente. Deixar para trás o apartamento em que me encerrei, deixar para trás aquela inércia coletiva em que eu me subsumia com passividade e inconsciência. Lembro que percorri as ruas a passos rápidos, e que os passos pareciam fabricar segundos, devolver à existência o compasso do tempo. Lembro que sentia alguma austeridade nas ruas vazias, nas sombras que se alongavam ominosamente, como se algo de obscuro e antigo pudesse me atacar a cada esquina. Ainda assim ansiava por ver o rosto de alguém, o rosto de outro que não fosse eu, de quem quer que fosse, um estranho, um desconhecido — qualquer rosto humano despido de máscara ou janela me seria suficiente.

Foi sem surpresa que cheguei à casa dos meus pais, embora aquele não tivesse sido um destino consciente. Toquei a campainha com a mão protegida pela manga do agasalho e me afastei uns passos para guardar a distância recomendável. Meus pais saíram sem pressa, cada um carregando sua cadeira dobrada debaixo do braço, dispondo-a no jardim, a poucos metros da calçada. Em seus movimentos havia serenidade, quase paz, como se o encontro não tivesse nada de excepcional. Mesmo sendo esses seres pacatos, já foram eles os dissidentes, já foram eles os subversivos, militantes clandestinos erguendo-se contra a ditadura de outras décadas. São eles agora os mais vulneráveis à doença, e no entanto ali resistem, sobrevivem calmamente ignorando o meu medo.

Não lembro o que conversamos, mas é vívida a lembrança da imagem que compunham diante dos meus olhos, seus rostos pálidos vincados pelas décadas, ao fundo a casa da minha infância, suas paredes manchadas pelos anos de desatenção alegre, acima do telhado a copa da árvore que plantamos juntos, num dia remoto que se fazia presente. Naquela casa morava o tempo, e só de estar ali pude sentir que ele seguiria correndo, numa cadeia incontível de acontecimentos, e que um dia o tempo apagaria os obscuros homens que nos governam, e apagaria os meus pais, e apagaria também a mim, e seguiria correndo pelas ruas, pelas praças, pela cidade inteira, deixando em seu rastro um futuro inteiro. Podia haver algo de vertiginoso e terrível no pensamento, mas, não sei, naquele instante a certeza do tempo só me ofereceu um apaziguamento.

O medo do fim

Primeiro pensei que fosse medo da morte, e sim, ainda penso, é claro que era medo da morte. Um medo que surgiu num ponto ignorado de Wuhan e logo tomou conta de toda a cidade, afugentando seus habitantes e com eles se alastrando mundo afora. Não era um medo qualquer, me pareceu, tinha a sua peculiaridade. Era mais que medo: em sua expressão mais aguda veio a tornar-se uma inconformidade, uma inaceitação da finitude da vida, própria ou alheia, a rejeição mais coletiva e sumária da morte de que já se teve notícia.

Nada poderia ser mais compreensível do que isso, pude ponderar. As circunstâncias eram mesmo dramáticas, e se tornaram cada vez mais. Havia algo de indecoroso na morte a um só tempo massiva e solitária, e sempre haverá. Não faltam os que definem a humanidade justamente por essa indignação, pela repulsa que nos provoca qualquer prenúncio do fim, que dirá de um fim trágico. E, no entanto, não, nem toda a história está atravessada por essa rejeição absoluta do desconhecido, do imensurável. Foi nos últimos séculos, nas últimas décadas, nos últimos anos, que acabamos nos tornando mais hostis à certeza da finitude, que decidimos prolongar ao máximo cada vida e lamentar cada perda como inaceitável.

A literatura, mesmo em sobrevoo, talvez possa dar pistas dessa progressiva mudança de perspectiva. Por milênios os escritores mataram os seus personagens livremente, nos beligerantes épicos gregos, nas tragédias, nos romances de cavalaria. Em algumas peças de Shakespeare, chegado o desfecho, ficamos nos perguntando se terá sobrado algum personagem vivo. E então veio o romance realista, veio Flaubert com seu rigor científico, matando sua maior protagonista em páginas numerosas e lentas. Veio Tolstói e escreveu *A morte de Ivan Ilitch*, uma das mais precisas tentativas de apreender o inapreensível, de entender a morte em sua concretude, em sua vertigem. Em suas páginas intuímos que não há morte dos outros, que toda morte é sempre, em alguma medida, do outro e de si. Se sofremos ao ler Tolstói, é pela percepção perturbadora de que naquela morte se inscreve a nossa, de que na morte de Ivan Ilitch morremos todos.

Em nosso tempo a morte se fez tabu, já não conseguimos sequer falar a palavra sem que a boca se consuma em morbidade. Talvez não seja disparatado propor um estudo sobre a dificuldade que hoje acomete escritores de matar seus personagens, de condená-los ao insólito fim. Não ouço falar dessa dificuldade, apenas desconfio que exista, e a sinto em minha própria escrita. Tão grandiosa se fez entre nós a ideia da morte que as páginas dos livros já não a comportam, não conseguem acomodá-la sem convocar um princípio de revolta, e a presumível acusação de extravagância, de arbitrariedade. Já não somos capazes de contemplar em imagens ou palavras o mais comum dos acontecimentos, humanos ou não, o mais fatal.

Primeiro pensei que fosse medo da morte, eu disse. Agora penso que não, que é medo da morte e algo mais. Se entre tantos, tão coletivamente decidimos que essas específicas mortes são inaceitáveis, e decidimos que todo empenho é válido para impedi-las, para reduzir sua ocorrência ao mínimo que toleramos, talvez não seja só por esse medo da morte que há algum tempo nos tomou de assalto. O medo é quase sempre uma experiência solitária — algum grau de solidão talvez seja sua condição primordial. Suspeito que apenas o medo não seria capaz de gerar uma reação tão comunitária.

Nesta disposição nova que temos testemunhado, nesta grande pandemia do não, pode haver exatamente o contrário do medo, tenha isso o nome que tiver. Foi pelo medo e por um equivocado instinto de defesa que se alçou ao poder, em tantos lugares, a política da brutalidade, da indiferença, da perversidade — necropolítica é o nome que alguns têm lhe dado. Se é contra essa política que tantos agora se levantam, ou melhor, que tantos agora se recostam e permanecem em casa, fazendo-se ruidosos quando a noite cai, não será por medo da morte. Será, sim, por respeito à vida, por apreço a toda esta incerteza vital em que estamos imersos, feita de som e de fúria mas também de beleza, antes que se consume a certeza do fim.

Inventário de saudades e perdas

O que se torna necessário e urgente, o que se dispensa, o que permanece em nós mesmo quando ausente: talvez seja nos momentos mais agudos que ganhamos consciência dessas diretrizes íntimas. A pandemia que se faz trauma coletivo, o medo difundido, a dor à espreita, tudo isso nos desorienta e acaba nos convidando a ordenar afetos, ternuras, tristezas — e assim a descobrir saudades imprevistas, a lamentar perdas antes insuspeitas.

Albert Camus narra, em *A peste*, o casal que se vê em lados distintos da trincheira sanitária e resolve encarar o risco, resolve romper o isolamento e se unir. Essa passagem do livro seria banal, quase piegas, não fosse a ressalva posterior, a observação de que até então eles não eram em nenhum aspecto grandes amantes, nenhum exemplo de felicidade conjugal, a ponto de nunca terem chegado à certeza de estarem satisfeitos. E então veio a peste, veio a imposição do afastamento, e esses seres desapaixonados se perceberam incapazes de guardar distância. Subitamente, viram-se tomados por um amor maior que o medo, um amor diante do qual "a peste era coisa sem importância".

Os estranhos dias agora rotineiros talvez não sejam feitos de gestos grandiosos como esse, mas não deixam de trazer sua verdade anunciada em miudezas. No vazio da quarentena, que por vezes se parece com um exílio, como aponta também Camus, tantos de nós vamos sentindo no corpo uma insuficiência, a falta que fazem os pais, os irmãos, os amigos, os colegas distantes, às vezes até os desconhecidos, quanto a vida se torna insensata na ausência de toda essa gente. Contra todo o burburinho que nos alcança em várias frentes, na profusão de notícias, de mensagens, de vídeos, de lives, essa falta parece se instalar como uma mudez intestina, um silêncio.

Entendi melhor o que eu mesmo sentia ouvindo a minha filha mais velha, na sinceridade desabrida de seus quase três anos, acompanhando seus anseios indiscretos. Desde o início ela negou sentir falta da escola, e pouco lamentou a ruptura total da rotina, como se só estar em casa com a mãe, o pai, a irmã tão nova em sua vida, pudesse lhe bastar completamente. Há algumas semanas, porém, ela começou a fazer interrogatórios insistentes: o que a vovó está dizendo agora, o que a prima está dizendo, o tio, o amigo, a vizinha, o que todos os vizinhos, o que todo mundo está dizendo? Ela não sente uma falta protocolar dos outros, é o que percebo. Sente falta de suas vozes, de suas frases corriqueiras, do mundo inesperado que se abre a cada palavra alheia.

Não é o bastante marcar encontros virtuais e conversar em vídeo, nem para ela nem para mim — ao que parece para ninguém. A figura fantasmática do outro lado da tela nunca cumpre o que dela se espera, nunca supre a falta, talvez porque tenta supri-la de maneira consciente. Olhar os outros nos olhos não basta, pelo contrário, chega a ser parte do problema, uma entre as muitas razões da insuficiência. O que ela deseja, ou o que eu desejo, é ver o gesto desavisado, o ato não programado, a frase desinteressada e indiferente — tudo o que só se manifesta quando há presença física, quando sobram espaço e tempo. "Saudade é um pouco como fome", quem diz é Clarice Lispector. "Só passa quando se come a presença."

O que tem se produzido, creio, é um irredimível alheamento. Com o passar das semanas, algo mais do que paredes e ruas vazias nos afasta dos outros, rompendo a intimidade que tínhamos com tudo o que nos cerca. Senti isso ao ver imagens do centro de São Paulo, numa reportagem que retratava a adesão tão parcial à quarentena. Vi que eu mesmo, dessa vez, preferia não olhar as pessoas, e encontrava um melancólico prazer em observar as fachadas, as calçadas, as árvores, em contemplar a cidade desolada. Faz apenas dois meses que não a vejo, que não percorro seus caminhos tortos, que não lamento seus tumultos e ruídos, e ainda assim descobri em mim uma saudade da minha cidade.

Uma semelhante saudade, se é esse o nome, me ocupa mesmo na presença do objeto, pois o alheamento se manifesta também em relação àquilo que posso acessar diariamente. Estou falando agora dos livros, dessa voz dos outros que prefere dizer em silêncio, manchando o papel. A cada dia folheio livros, visito textos familiares, surpreendo alguns desconhecidos, mas me sinto menos capaz de me entregar por completo à leitura, de deixar que ela tome a minha mente inteira. O momento que vivemos é estridente demais, a cada instante convoca os meus pensamentos. Sinto falta, então, de uma literatura plena — e sinto falta de um passado e de um futuro que se deixem ler sem a lente do presente.

Toda distração, neste exílio coletivo em cidade própria, não é mais que uma tentativa de distração. Toda calma é uma tentativa de calma. Toda paz é uma tentativa de paz, e tão fugidia, tão indecorosa. Distração, calma, paz, tudo nos rouba a quarentena, tudo nos rouba esse alheamento. Mas ao menos em tal inquietude, como os velhos novos amantes de Camus, posso reconhecer em mim um amor faminto pelas pessoas da minha vida, pela minha cidade e pelos livros da minha biblioteca.

Um país sem máscara

Saio num fim de tarde, vou ao mercado, levo minha filha ao meu lado. Nas ruas o que vejo não se distingue muito da normalidade, mas tudo parece transformado porque estou de máscara, e porque cruzo rostos neutros quase sempre mascarados. São atos de cuidado, estamos protegendo uns aos outros, mas ainda assim não deixo de sentir quanto a cidade se faz estranha, sinistra, insondável. Entre máscaras é como se atravessássemos uma zona contaminada, nociva, como se algo obscuro e inominável pudesse a qualquer momento atacar.

Já é noite quando volto. Deixo minha filha poucos passos para trás e ela logo corre para abraçar as minhas pernas, atemorizada. Tem quase três anos, e pela primeira vez na vida parece sentir hostilidade nas ruas, sentir que está em perigo diante da própria casa. Eu a acalmo, a pego no colo, nego que haja qualquer razão para o medo. No íntimo, porém, sei que de forma tortuosa ela acaba de chegar a um conhecimento inescapável, à noção ainda imprecisa de que vive num país opressivo e feroz.

Bolsonaro, ela ouve o nome pronunciado no noticiário e

pergunta intrigada: "Esse é o homem que a gente quer fora da nossa casa, não é?". Eu rio, mas não consigo sustentar o riso por muito tempo diante das notícias, diante daquele homem. O jornal faz um apanhado de suas muitas frases insensíveis e disparatadas, as muitas formas como ele tem desprezado a realidade, desdenhado o sofrimento de tantos. "E daí?", ele questiona quando confrontado com o número crescente de mortos. Desprezo e desdém vão além das palavras: alteram sua voz, dominam seu olhar, distorcem suas feições, convertem-se em sua máscara.

É sintomático que, contra toda orientação, ele se recuse a usar as máscaras sanitárias. Bolsonaro se erigiu como líder de muitos sob a ilusão de que seria um raro político sem máscara, e por isso um não político. Criou essa ilusão muito menos pelas ações do que pela linguagem: é um ser desbocado e rude, disposto a dar voz aos pensamentos mais reprováveis de toda uma horda. Nem precisávamos ouvi-lo tanto para saber que se trata de uma fraude, que ele reúne todos os traços negativos que se costumam atribuir aos políticos lamentáveis. Enquanto afirma realizar um projeto maior — que por si mesmo já se mostra execrável —, empenha todas as forças em defender seus interesses sectários, seu grupo político, sua família, seu destino pessoal. A ausência de máscara é, portanto, precisamente a sua máscara.

Há sempre algo de horrendo no desmascarar. O prazer que poderia haver na revelação de uma verdade é logo superado pelo horror de encará-la diretamente, sem obstáculos físicos ou simbólicos. Alguns dos maiores escritores brasileiros souberam descrever com riqueza essa experiência atroz. Machado de Assis, em "O espelho", narra um sujeito incapaz de contemplar seus próprios traços, que vê em si apenas uma figura vaga e esfumada, a não ser — eis o seu expressivo autoengano — quando veste a sua farda, quando veste essa máscara que lhe cobre o corpo todo.

Guimarães Rosa respondeu com um conto de mesmo título e evocou a superstição interiorana, a ideia de que nunca se deve olhar num espelho às horas mortas da noite, porque "neles, às vezes, em lugar da nossa imagem, assombra-nos alguma outra e medonha visão". O narrador, no entanto, se afirma racional, rejeita as explicações fantásticas, e a pergunta que acaba por fazer a si mesmo resulta muito mais dramática: "Que amedrontadora visão seria então aquela? Quem o Monstro?".

Naquela noite, enquanto encadeava esses pensamentos e guardava silêncio com minha filha ao lado, eu percebia que não era Bolsonaro o monstro que se desmascarava aos nossos olhos. A máscara dele sempre foi das mais frágeis, crestada no rosto como lama seca, como alguma vez descreveu Clarice Lispector, os pedaços irregulares caindo um a um com um ruído oco. Que seu rosto seria tão feio quanto a própria máscara acho que muitos de nós sempre soubemos.

O que se desmascarava ali, de novo, o que vem se desmascarando nestes últimos tão tristes anos, é a monstruosidade do país em que moramos. Um homem deplorável se fez líder maior, e isso revela quanto temos caminhado em zona contaminada, nociva, isso revela o que há de mais obscuro e inominável disposto a nos atacar. O país, agora, olha-se no espelho e vê essa figura vaga e esfumada, e descobre a atrocidade do seu próprio rosto. Mas é também o raro momento de acesso a uma verdade: tem agora a chance de contemplar-se profundamente, já sem máscara, e quem sabe começar a construir uma nova, viva, livre identidade.

Sobre a beleza, etc.

Que me perdoem os muito feios, os muito ignorantes, os muito sórdidos, mas beleza é fundamental. Já disse Vinicius de Moraes num poema equivocadíssimo, que aqui prefiro malversar: é preciso que haja qualquer coisa de flor em tudo isso, qualquer coisa de dança. É preciso fertilizar a agrura do concreto, colorir a brancura das paredes lisas, romper a imobilidade asséptica dos dias com alguma dose de beleza, de delicadeza, de lirismo. É preciso que a vida não deixe de ser nunca, ainda que só por um instante, a eterna dançarina do efêmero.

Mantenho ao lado da minha cama uma pilha de pequenas belezas, tão banais quanto íntimas, para acessar em momentos de insensata paz ou de sutil desespero. São livros que me habitam há um tempo incerto, transitórios e perenes, livros que têm o estranho poder de me afastar do mais contingente dos eus e assim me devolver a mim mesmo. Com eles atravesso a mim e ao mundo, atravesso a turbulência agressiva das notícias, a algazarra de tantos analistas, peritos, especialistas, todos munidos de suas razões e certezas. Com eles me abrigo na dúvida, tantas vezes saturada de lucidez.

Esta manhã constava no topo da pilha um livro de ensaios de Nuno Ramos, seu fulgurante Ó, que tomei nas mãos para que rompesse a penumbra e iluminasse o ambiente. De cara ele se pôs a falar sobre o que temos de melhor e mais generoso, entre todas as chamadas virtudes: a capacidade de perder tempo. Pensei de imediato na minha filha e na perplexidade que vi em seu rosto, dias atrás, quando usei do meu tom mais assertivo e ordenei que deixássemos de perder tempo. "Mas, papai, o que é perder tempo?" Eu queria era que Nuno Ramos lhe respondesse. Contra o imperativo universal de produzir, contra a premência de tantos deveres, e afazeres, e quereres, perder tempo é que se faz urgente, lançar ao mar as horas e o tambor constante do presente.

O parágrafo acima talvez sirva apenas para perder tempo, e agora não sei se o leitor deve lamentar ou agradecer. O que eu queria era falar da beleza, mas há um inevitável pudor em falar da beleza quando estamos cercados de tanta dor, tanto desvario, tanta tristeza. É aceitável que a tristeza seja bonita? Que tentemos encontrar algum relance de beleza mesmo nas circunstâncias mais sombrias? Hoje me valho da minha porção diária de incerteza para dizer que sim. E, quem sabe, para ilustrar essa ideia com o rosto da minha filha mais nova, que chora com estridência até que percebe a presença da irmã, e então vai tentando abrir um sorriso torto, sem nenhum dente e nenhum jeito. O leitor não o conhece, não irá lhe servir, mas esse rosto a meio caminho entre o choro e o riso é o que tenho de mais bonito a descrever.

Há imagens mais universais, é claro, imagens que tentam captar com precisão a natureza da tristeza, e da alegria, e da beleza. Penso agora em Rose-Lynn Fisher, a quem chego por Marília Garcia, cujo *Parque das ruínas* também ocupa lugar dileto na minha mesa de cabeceira. Fisher, que há de ser uma mulher estranha e bonita como sua obra, e como a obra de Marília, resolveu fazer uma "topografia das lágrimas": uma sequência de imagens de microscópio analisando lágrimas diversas, de tristeza, de alegria, de despedida, lágrimas de um bebê ao nascer. Marília as descreve como fotos aéreas, como mapas que registram o que há de mais temporário, de mais fugidio. As imagens concordam com ela, e apontam quanto tudo é indefinível, quanto tudo, alegria ou tristeza, é inexoravelmente diverso e semelhante a seu oposto, e a si mesmo.

Penso necessário algum lirismo no tempo em que vivemos porque o lirismo, por definição, altera o mundo com a direção subjetiva do olhar, contrariando assim toda a clareza ilusória, toda a objetividade falsa dos argumentos. O lirismo refunda a complexidade do mundo turvando-o com a mais pessoal das lentes. E, sejamos sinceros, como olhar sem nenhuma lente este mundo em ruínas que a cada manhã nos desperta? Como não fugir, diante dessa vista horrenda, a algum lugar íntimo, como não tentar olhar a vista com a lente das lágrimas ou a lente da beleza?

Triste sina destes tempos: a gente se propõe a falar da beleza, e a feiura, a ignorância, a sordidez, dão um jeito de invadir o que escrevemos. Não queria terminar este texto com um argumento, ou com o repúdio óbvio a tudo o que temos visto de abjeto. Em vez disso me recolho num dos meus lugares favoritos no mundo, um lugar cheio de beleza e tristeza e melancólica lucidez. Não vou me ofender se o leitor quiser ir lá se abrigar agora mesmo, em "Sobre o amor, etc.", talvez a crônica mais célebre e mais bonita que Rubem Braga já escreveu.

Era 1948, e o mundo devia se parecer muito pouco a este que tento turvar com a minha lente. Mas Rubem Braga fala já de um mundo de distâncias, de irremissíveis separações, de quanto seremos todos diferentes quando pudermos voltar a nos ver porque teremos incorporado o tempo da ausência. Não sei do que fala Rubem Braga, que passageira circunstância o afastava de seus amigos, de seus amores. Mas percebo enquanto ele fala que a beleza tem sempre algo de transcendente, algo que transtorna passado e presente e assim se eterniza, e assim nos leva para fora do tempo. Fora do tempo: não há de ser lugar ruim para se estar neste momento.

Elogio da casa

Tenho feito eco ao que tantos dizem, tenho repetido em noites indolentes que estou cansado de casa, que não aguento mais ficar encerrado entre paredes rígidas. Acredito quando o digo, sei que esse estribilho tão difundido pretende evocar um emaranhado de distâncias, saudades, carências, quer alardear toda a impaciência com a vida interrompida. O caso, porém, é que a frase é imprecisa. Se a escuto com cuidado, não demoro a perceber que é uma mentira, não demoro a negar que esteja cansado da minha casa. Não quero lhe fazer uma injustiça: a casa tem sido manso abrigo, e é só gratidão o que lhe devo.

"Não é necessário sair de casa", escreveu Franz Kafka há muitas décadas, num tempo em que o mundo ainda não avançava com seus ruídos técnicos sobre os espaços íntimos. "Permaneça em sua mesa e ouça", ele continuou. "Não apenas ouça, mas espere. Não apenas espere, mas fique sozinho em silêncio. Então o mundo se apresentará desmascarado." Silêncio e solidão têm sido escassos num apartamento simples com duas filhas pequenas, mas ainda assim não fujo à tentativa. Sentado à mesa, tenho aguardado a visita do mundo, de um mundo que surja sem máscaras. Mas enquanto espero, admito, não deixo de apreciar a própria casa, renovo a cada dia o gosto pela mesa que suporta os meus cotovelos, pelo chão em que descanso os pés, pelo teto que não desaba na minha cabeça.

Ouço de muitos que têm revolvido gavetas, rearranjado cadernos, revisto álbuns de família, frequentado as cartas dos avós, dos pais, dos velhos amigos. Sei que assim se aproximam de toda essa gente longínqua, gente vista pela última vez num portão esquecido, num bar qualquer, numa esquina indistinta. Mas suspeito que também o façam para se aproximar da própria casa, para emprestar à casa a intimidade de tanta gente querida. Emprestar talvez não seja a palavra precisa, peço perdão, restituir é a palavra que procuro. Todo esse passado pertence agora à casa, vive em silêncio em seus recantos escondidos.

A casa não é a disposição de seus cômodos ocos, não é o vão entre os móveis baratos, não é feita de seus vazios, de seu impalpável nada. Nunca invejei tão pouco os desapegados de tralhas, com suas casas impecáveis, perfeitas, em que cada objeto tem sua função presente e exata. A casa é justamente tudo o que sobra, museu de inutilidades, soma de todas as coisas ínfimas que os dias trazem, e que, prometemos a nós mesmos, em alguma tarde vaga haveremos de limpar. Quando essa tarde enfim chegar, viveremos a falsa e passageira paz que emana da ordem, mas fatalmente teremos menos passado, teremos menos casa.

Minha casa são meus retratos, minha casa é meu martelo. Minha casa é meu cansaço, minha miopia. Minha casa é a memória da casa. Minha casa são esses versos de Ana Martins Marques que roubei fora de sequência para inserir nesta crônica desarrumada, versos que encontrei num livro cruzado na estante, oferenda da desordem. Minha casa é a furadeira que tomei emprestada para prender na parede do quarto das minhas filhas uma estante só para elas, já lotada de livros largos. Agora olho a parede desse quarto, as estantes só ligeiramente desalinhadas, e sinto um orgulho insensato por tê-las cravado com minhas próprias mãos, e porque agora tenho nas mãos calos que pertencem à casa.

Há, no entanto, outra mentira oculta em tudo isso que conto. Demoro para descobri-la camuflada entre tantas palavras, preciso das palavras dos outros para vê-la revelada. É impressionante quantos poetas falam da casa para falar da mulher, para falar da amada. Ao que parece, não se trata de uma metáfora, ou é a metáfora em seu estado mais profundo e radical, numa fusão de seres que se completam e se amparam: a casa é a mulher, a mulher é a casa. Hesito um pouco diante dessa imagem, não quero imputar à mulher a domesticidade que tanto lhe foi imposta.

Mas "A mulher e a casa" é o poema de João Cabral com que me deparo, e o poeta em si tem importância suplementar. O apartamento onde moro pertenceu ao filho de João Cabral, e, mesmo que ele nunca o tenha frequentado, nunca tenha pisado seus tacos, não me canso de imaginá-lo vagando cego pela nossa sala. Desde que vivo aqui, me sinto mais em casa em seus poemas, como se ele em pessoa me abrisse a porta da página. É João Cabral quem fala, enfim, da mulher que seduz como casa, que "não é nunca só para ser contemplada", "somente por dentro é possível contemplá-la".

A verdade que descubro, então, é que não estou cansado da minha casa como não estou cansado da minha mulher, mesmo que nela viva há vinte anos. Casa e mulher exercem sobre João Cabral, ou sobre mim, efeito igual, incansável, mesmo no infinito das horas: a vontade de corrê-la por dentro, de visitá-la. Não é necessário sair dessa casa.

Falência do sentido

Pode ser feito de reclusão e silêncio o mundo em que vivemos, mas é também feito de vozes exaltadas, de discursos infinitos, de uma profusão impressionante de palavras. Desde o momento tão próximo e já tão longínquo em que um vírus atravessou o nosso presente, tem sido imenso o esforço em definir o fenômeno e firmar sobre ele algum sentido. Esse empenho pode ser comovente, até alentador, mas não chega a esconder algo muito conhecido: que a vastidão de explicações às vezes manifesta só a falência do sentido, que aquilo que mais insistimos em nomear é o que mais escapa ao pensamento.

Uma das explicações muito difundidas, a persistir pelos séculos para desalento de tantos pensadores contemporâneos, talvez seja ainda a religiosa. Alguma entidade superior teria decidido nos infligir uma desgraça massiva, desta vez na forma de um vírus, como punição por incertos desmandos cometidos nesta terra. Os mais precavidos têm até feito buscas on-line sobre invasões de gafanhotos e outros sinais terríveis, julgando que o roteiro bíblico seria seguido à risca. Mas essa noção não se limita aos fanáticos: a frequência com que a pandemia é referida pela mídia como um apocalipse mostra quanto a religião está arraigada mesmo em análises que se querem objetivas.

Numa variante mais simpática dessa versão, não é Deus o sujeito impiedoso a nos infligir o castigo. A Terra, agora investida de vida e merecendo a maiúscula, estaria implorando à humanidade que parasse ao menos por um tempo, que refletisse sobre suas práticas nocivas, que desistisse de sua destruição sistêmica. Para ilustrar essa ideia propagaram-se imagens impactantes: o vasto céu chinês despido de sua poluição costumeira, ou insólitos e inverídicos flamingos nadando pelos canais de Veneza. É curiosa a escolha de Veneza na composição desse duvidoso argumento, pois ressalta paradoxalmente a capacidade humana de produzir beleza.

Em outra concepção, muito diferente, o vírus agiria em favor de um ímpeto totalitarista, servindo de pretexto para aprofundar os mecanismos de controle dos governos. Toda a população estaria submetida a um estado permanente de emergência, abdicando assim de sua liberdade, cedendo ao medo. Para surpresa de muitos, foi o filósofo Giorgio Agamben quem explicitou essa hipótese, preocupado com a persistência das medidas de exceção depois da pandemia, com o fechamento de escolas e universidades, com o fim dos encontros políticos e culturais, com as máquinas que poderiam "substituir todo contato — todo contágio — entre os seres humanos".

Contra Agamben, ou contra o pessimismo, ganharam voz outros importantes filósofos, interpretando no vírus uma finalidade contrária, um caráter quase subversivo. Slavoj Žižek atentou para o pânico no mercado financeiro, para a indústria em paralisia, e não pôde deixar de enxergar seu impulso anticapitalista, destacando o potencial que teria de nos fazer conceber uma sociedade alternativa. Jean-Luc Nancy o acompanhou no pensamento e criou a alcunha do "comunovírus", destinado a mostrar a eficácia do coletivo, nos unindo em comunidade apesar de todo o isolamento.

A lista poderia se estender por mais alguns parágrafos, injustos e distorcivos, mas talvez haja algo mais importante a dizer. Se os argumentos nos parecem insensatos e descabidos, prontos demais para encerrar uma verdade, é porque não acreditamos plenamente que uma doença possa ter um sentido, possa transportar algo mais que dor e tristeza. Já há tempos, em nossa sensibilidade, a vida em si se fez um conjunto de experiências carente de um sentido rígido. Revogada toda noção de predestinação, exige em vez disso que sua razão se construa dia a dia, incansavelmente. Talvez por isso a paralisia do presente nos incomode tanto, porque não nos permite continuar a construir nossos tão necessários sentidos cotidianos.

Nancy pode não nos convencer em sua análise específica da pandemia, mas soube dizer há algumas décadas algo de fundamental sobre o nosso tempo. Falou de uma crise do sentido, ou, pior, do abandono do sentido do mundo, da desistência de pensar que o mundo poderia trazer em si um sentido. Tais palavras podem soar desoladas, carregadas de peso, mas só na primeira vez que as ouvimos. Basta seguir um pouco além para compreender seu potencial libertário e explosivo: "o fim do mundo do sentido dá lugar a uma práxis do sentido do mundo", diz Nancy. É a ausência de um sentido prévio o que nos permite contemplar uma infinidade de sentidos novos, e buscar então construí-los com toda a força que nos resta.

O mundo pós-pandemia não tem suas feições definidas, nem revolucionárias nem apocalípticas — e como poderia ter, se a pandemia não parece sequer próxima de seu fim? Cabe então fazer da ausência de um sentido prévio a construção de um sentido futuro, somando à interpretação também o desejo. Um desejo que não se reverta em pensamento mágico ou religioso, que não se creia cumprido de partida. Um desejo que não seja uma espera, e sim o motor de uma ação no presente. Um desejo que se faça coletivo, capaz de engajar os outros num futuro maior que o mero produto da nossa inércia.

Nostalgia do abraço

Tenho imaginado abraços, tenho atravessado ruas hipotéticas para abraçar quiméricos corpos. Vejo um amigo a caminhar sem pressa pela calçada, talvez assobiando como se nenhuma aflição o acossasse, e no instante seguinte nossos corpos se encontram, tenho minhas mãos em suas costas. Como a minha imaginação é escassa, tenho decididamente ansiado, nos filmes que vejo, nas séries anteriores a este isolamento comunal, pelo toque despreocupado entre os personagens. Li um livro inteiro de Eduardo Galeano, *O livro dos abraços*, à espera de um abraço que nunca é narrado. Acho que tenho até feito uso excessivo da palavra, tenho mandado abraços indiscriminados, como se a própria palavra pudesse executar o gesto tão desejado.

Não posso negar, me assusta a frieza impassível com que alguns especialistas — e outros nem tanto — têm decretado o fim terminante dos abraços. No futuro que insistem em antecipar, no infame novo normal que não é mais que a perpetuação da anormalidade, o enlace casual entre os corpos estaria vetado. Agente lamentável de contágio, o abraço seria descartado como mera formalidade, como rito desnecessário, espasmo de frivolidade. Sabem demais e não sabem o essencial, esses sábios. Querem esterilizar os corpos, desinfetá-los de sua própria humanidade.

Ninguém me entenda mal, este não será mais um ataque à ciência e ao conhecimento especializado. Apenas prefiro, às vezes, calar essas vozes sentenciosas, e deixar que ecoem pela minha casa afirmações mais delicadas — tão delicadas que até inexistem em qualquer discurso ou página publicada. Mais de uma vez me vi a imaginar como seriam as instruções de Julio Cortázar para o exercício perfeito do abraçar, como seria esse esboço esquecido em meio às suas instruções para chorar, para cantar, para dar corda no relógio, para subir uma escada.

Suspeito que instruísse o abraçador a não abrir demais os braços, sob o risco de parecer um anfitrião espalhafatoso, nem a mantê-los rentes ao dorso até que seja tarde demais. Talvez recomendasse uma pressão exata, fraca o bastante para não sufocar o peito ou estalar os ossos, mas ainda capaz de comprimir a carne, de fazer do gesto algo mais do que carícia vaga. Sugeriria decerto algum contato imediato, escapando aos tecidos, a mão na nuca ou um breve roçar de peles que garanta ao encontro um mínimo de calidez corporal. Acho que estipularia uma duração média de três segundos, julgando entretanto desejável o prolongamento em circunstâncias especiais — se dor, ou temor, ou comoção, ou piedade, ou amor.

Que o abraço protege, que o abraço abriga, que no abraço os problemas do mundo se dissipam — evoco cada um desses argumentos duvidosos em defesa do gesto que agora querem abolir. Penso, no entanto, que o abraço é mais desejável justamente porque contagia, porque nos faz vulneráveis, porque deixa sobre os nossos ombros uma fração ínfima do corpo do outro, de suas impurezas bem-vindas. O abraço nos infecta de alteridade, nos polui de carinho. O fundamento do que aqui alego é dos mais íntimos: o prazer que sente a minha filha ao se lançar sobre mim quando tem as mãos mais sujas de terra, o rosto mais lambuzado de comida. Eu a repreendo, mas, como ela não lê, posso aqui admitir que é um prazer que compartilho.

Ninguém me entenda mal, ninguém me julgue um sujeito pegajoso e expansivo — este texto é todo cheio de riscos ridículos. Se me preocupa a abolição do abraço como protocolo inicial do encontro entre amigos, é porque sou pouco fluente na linguagem do toque, porque me entrego demais à contenção. Um aperto de mãos, um beijo no rosto, um abraço lateral com tapa ríspido: cada um desses toques insignificantes pode ser imprescindível aos acanhados e retraídos. Nos poucos reencontros que já me permiti, confesso que senti falta do contato físico, uma falta que quase ganhava a forma de uma vertigem — como se, num átimo de desatenção, amigos que há muito não se viam pudessem sucumbir de vez à distância, pudessem se tornar indiferentes e frios.

Ninguém me entenda mal, não tenho pressa, não sairei pelas ruas estreitando desconhecidos, esperarei com a paciência possível um tempo de abraços livres. O país agora sofre a dor de seus mais de 90 mil mortos e teme como poucas vezes que a tragédia ainda tarde a encontrar seu fim. Mas justamente porque o país dói, e porque teme, e se compadece, e se apieda de suas vítimas, justamente porque não podemos nos tornar indiferentes e frios, é que os abraços se farão necessários quando enfim consigamos sair.

Lembremos do futuro

Às vezes me lembro do futuro. Não o prevejo, não o adivinho, não o pressinto, não o imagino existente numa dimensão qualquer, inacessível, nada disso. Apenas lembro que os dias se sucederão em seu compasso lento, incessantes, incontíveis, até que despertemos todos num tempo presente que, no entanto, será o exato futuro deste instante em que escrevo. Às vezes me lembro da existência do futuro e basta isso para que sinta algum alívio, e para que consiga afirmar a mim mesmo, bobamente, como se fosse preciso: isso tudo vai passar.

E então penso nos amigos que não vejo há muitos meses, nas conversas que deixamos interrompidas, nos sorrisos inocentes que trocamos quando não sabíamos que aquela não era mais uma entre as triviais despedidas. Penso nos amigos fechados há tanto tempo entre paredes rijas, nos que vivem sozinhos e quase não têm visto mais que rostos descarnados, esboços de rostos fragmentados em pixels. Penso nos amigos que se sentem sozinhos, ou que mesmo em boa companhia me acompanham nesta sutil e crescente nostalgia, e quero lhes dizer, casualmente:

nos vemos logo mais, falta pouco, não há de demorar tanto assim, isso tudo vai passar.

E então penso nos meus pais, encerrados também eles na casa da minha infância, na casa de suas décadas mais tranquilas, penso nos meus pais e no desânimo novo que tenho ouvido em suas palavras, no cansaço de suas vozes. Penso em seus olhos baços que vislumbro sem clareza quando os visito, cuidando os metros que nos separam, eles à porta da casa, eu na calçada de pedras disformes, desconfortável. Penso na intimidade que nenhum desses encontros insípidos jamais seria capaz de restaurar, e quero lhes dizer, decididamente: não tarda o tempo de cruzar essa porta, de repovoarmos a mesa de jantar, de nos tornarmos de novo a família distraída e vivaz, isso tudo vai passar.

E então penso que nada disso são dores, que nestes meses posso ter conhecido melhor a saudade, a impaciência, a ansiedade, mas não conheci melhor a dor, pois a dor não chegou a atravessar a soleira da minha casa. E penso nos que de fato sentiram a dor, nos que sofreram a inesperada perda, e no momento da perda sofreram a aguda distância, e decerto ainda agora sofrem a ausência. Penso nos círculos concêntricos de dor que se irradiam a partir dos 129 575 corpos, dos 129 575 mortos até este instante preciso em que escrevo. Penso em toda essa gente e não sei bem o que lhes dizer, sei que minhas palavras lhes valem pouco, mas avalio que nada custa afirmar mais uma vez, reconhecer mais uma vez, calidamente: não tarda o dia em que o grito se fará silêncio, e a ausência se fará lembrança, isso tudo vai passar.

E então penso em outra dor, em como os círculos concêntricos se difundem tanto que invadem uns aos outros, que começam a compor um único, amplo, desmedido sofrimento. Penso na dor de um combalido país, um país maltratado e envilecido por alguns homens soturnos, e quase chego a pensar que o futuro não será grande o bastante para redimir essa tristeza, para realizar tão imenso luto. Mas, sim, é claro que sim, afirmo a mim mesmo com toda a certeza, o futuro renasce da mesma terra que se calcina, o futuro se eterniza como o povo em gerações sucessivas. E então me autorizo a dizer a todo o país, extravagantemente: não tarda o dia em que os solitários se farão multidão, não tarda o dia em que o silêncio se fará grito, e ensurdecerá esses homens terríveis, e calará seus velhos pensamentos, eles todos vão passar, todos eles, tudo isso, isso tudo vai passar.

A vida sob a tempestade

Porque a tarde era farta e vaga, e porque caminhávamos a esmo, e porque o vento já começava a nos incomodar, foi que nos abrigamos naquele teto, foi que paramos para tomar um sorvete. O acontecimento é simples, absolutamente banal, e no entanto guarda em si algum matiz de excepcionalidade, desses que exigem das palavras a precisão que elas nunca conseguem alcançar. Já terminávamos o sorvete quando desabou a chuva impetuosa, a discursar com seus sussurros incompreensíveis, a esbravejar contra as árvores, o telhado, a calçada.

Nada a fazer a não ser esperar, eu disse, e minha filha aceitou a orientação com incomum tranquilidade. Por alguns segundos só olhou as gotas próximas que respingavam em seus sapatos. Depois estendeu as mãos e sentiu a frieza dos pingos em suas palmas. Deu então um passo à frente e molhou os braços, e logo os ombros, as escápulas. Sentiu como pouco a pouco os cabelos iam aderindo à testa, às bochechas, à nuca. Estou molhada, papai, vai ficar frio, é melhor a gente ir para casa. Sua lógica me pareceu irrefutável.

A tarde agora era uma torrente fria a eriçar nossos poros. Corríamos pela rua saltando as poças menores, hesitando um segundo ante as maiores, sem atentar à inutilidade do cálculo, como se não soubéssemos que a chuva logo cobriria por completo os nossos corpos. Tulipa apertava a minha mão com uma pressão inesperada, mas não se importava em molhar também os dentes, que exibia num sorriso largo. Quem a via passar também sorria, somava ao dela o seu riso — não só para mim ela era nesse instante a própria encarnação da alegria, do prazer, da jovialidade.

Sua alegria se fizera minha e eu também era mais jovem. Sentia que a chuva que me molhava no presente era feita de chuvas remotas, que um tempo fluía de outro tempo e tudo eram águas passadas. A tormenta já não rugia, percutia nas pedras da calçada uma cadência animada, a tormenta festejava, e eu tentava acompanhar seu ritmo com passos vivos e desastrados. "Vai desabar água", Gero Camilo cantava de trás de alguma janela insondável, e uma massa animada respondia de dentro dos meus ouvidos, "desabar água pra lavar o que tem que limpar, pra lavar o que tem, vai desabar água e é pro nosso bem".

Insolitamente, indubitavelmente, o que vivíamos era um Carnaval particular, o fim eufórico de mais um bloco, a acabar em tempestade como todo bloco tem que acabar. Minha filha me puxava adiante e exigia uma música a mais, era por seus dedos que Caetano entoava, "não se perca de mim, não se esqueça de mim, não desapareça". E com meus dedos eu cumpria a promessa, não desaparecia, em vez disso seguia a sua toada e sussurrava também uns versos, "a chuva tá caindo, e quando a chuva começa, eu acabo de perder a cabeça". E de repente já não eram só nossos os dedos entrelaçados, eram muitos os amigos que nos acompanhavam na rua desolada, muitos os abraços que se renovavam, os corpos com que agora eu me embalava, e me embolava, e me molhava de chuva, suor e sorvete.

50

Em casa chegamos só nós — Caetano e toda a multidão encharcada preferiram ficar do lado de fora. Logo estávamos secos e aquecidos e recompostos, o fim mais confortável que sucede o fim de todo bloco. Era uma terça entre outras terças laborais, e eu me sentei à escrivaninha disposto a trabalhar, como faria no dia seguinte, e no dia seguinte, como faço hoje. Mas não posso, sinto que não sou capaz de escrever o texto habitual, sinto que, ante a memória, o presente é de uma indigência atroz. Nada mais tenho a dizer sobre a pandemia, nenhuma vontade de falar sobre a promessa de vacina, e já percebi que precipitar palavras novas sobre os velhos homens que nos governam é chover no inundado, no lamacento, no afogado.

Em vez disso extravio o olhar no vazio, passeio entre estantes, folheio livros. Num volume amarelado, me deparo com uma crônica breve de Rubem Braga, uma crônica em que ele afirma haver outro céu por cima do breu de uma tempestade, por cima das nuvens torpes, um céu límpido, perfeito, imaculado. Faço a ele uma reverência antes de discordar: às vezes, nada é mais límpido do que a vida sob a tempestade.

Confissão ao general

Nunca me confessei a um general. Sempre me senti mais à vontade em confidências à minha mulher, aos meus amigos, a algum psicanalista, a algum leitor numa página sutilmente mais sentimental. Nunca me senti compelido à palavra, coagido a falar, nunca fui torturado por sinistras forças oficiais. Mas há neste país tal pendor para a violência, tal vocação de nos tirar dos nossos lugares habituais, que aqui venho eu estrear nessa outra tradição nossa. Suas perguntas torturam, general Pazuello, e por isso trago a minha confissão, arrisco algumas razões para toda essa angústia, essa ansiedade.

Por que tanta angústia?, pergunta o general-ministro-da-saúde. Alguém já o terá alertado, convém que uma hora você ouça. Porque a morte campeia pelas ruas, pelas praças, porta adentro em tantas casas. Porque a morte abarrota hospitais, alarga cemitérios, abre com retroescavadeiras valas anônimas alinhadas. Porque a morte agora só quer ser contada às centenas, aos milhares, às centenas de milhares. Minha angústia não é minha, general, é uma angústia nossa, uma angústia compartilhada pelo povo e pelos povos. Algo que contagia sem o mínimo contato, sem o mais breve abraço, e também por isso cala fundo nos nossos ossos.

Por que tanta angústia?, você pergunta. Erga o rosto, olhe um pouco ao seu redor. Porque, bem à sua volta, aí do lado, existem homens obscuros que fazem da morte o seu ofício, que realizam sua política de assistência à morte, de estímulo fiscal à morte, de subsídio estatal à morte. Você é um desses homens, general. Esses homens matam com suas polícias, com suas milícias, com suas leis, com suas palavras. Estão desenvolvendo uma nova estratégia comercial: que, bem abastecidas de falácias, as pessoas não queiram se cuidar e assim matem umas às outras, e se matem por si próprias. Minha angústia, general, nossa angústia é com o progresso da indústria nacional de cadáveres.

Por que tanta angústia?, você pergunta. Suba a um avião, esqueça um pouco a sua função, percorra em sobrevoo o nosso solo. Observe em particular as matas, observe os territórios indígenas, as reservas florestais. Porque a terra calcina, general, porque a terra arde sob os nossos pés descalços. E porque não são só os nossos pés que queimam, tudo queima, animais, árvores, rios, céus: queima algo muito maior do que isso que você chama de pátria. Ouça o que dizem sobre isso os seus colegas, general, ouça como propagam o fogo com seu bafejar nefasto. Nós os ouvimos: essa é também uma razão para a nossa angústia.

Por que tanta angústia?, você pergunta. Vá a uma biblioteca, leia um dicionário de psicanálise. Você já ouviu falar de Freud, general, mas não sei se conhece um tipo de angústia que ele descreve, não sei se conhece seu conceito de *Realangst*. Não só uma angústia real, mas uma angústia diante do real. A angústia que sentimos quando enfrentamos um perigo imediato, quando constatamos a iminência do trauma. Ou quando já estamos tomados por ele, por inteiro, quando o presente já se fez trauma futuro, e ainda assim parece inelutável. Essa é a angústia que sentimos, general, é *Realangst*, você reconhece?

E por que tanta ansiedade?, você também pergunta. Nesse caso a resposta talvez seja mais fácil. Porque queremos voltar às ruas, general, ocupá-las com nossos corpos ainda saudáveis. Porque queremos tomar as avenidas, tomar as praças, abarrotá-las de vida, queimá-las com outro fogo inelutável. Porque nossa indignação não consegue esperar, quer percutir em cada esquina nosso grito de basta. Porque temos uma sanha por justiça, general, temos pressa em derrotar os brutos e encerrar o desgoverno, o descalabro. Por isso a nossa ansiedade, general, para isso a nossa ansiedade, para que enfim a vida possa calar os agentes da morte.

O recomeço, invenção adorável

E então, contra toda expectativa, transgredindo a paralisia do tempo, eis que vencemos o último dia do último mês do ano mais lento, eis que encerramos 2020. Não se ouviram fogos à meia-noite, nas ruas o silêncio era denso. Quem apurou os ouvidos, porém, pôde escutar o sopro que atravessou naquele exato momento uma infinidade de lábios entreabertos, pôde ouvir o som do alívio que tomou o bairro, a cidade, o país inteiro.

Durou um ínfimo instante a concordância no suspiro, o comum alento a pairar na limpidez da noite, e logo voltamos ao burburinho do dissenso. Uns passaram a dizer que não encerramos nada, que ainda vivemos a mesma época de absurdos diários, de recordes mórbidos, de tristeza e desalento. Outros afirmaram que passamos a algo pior, que o novo ano só pode ser de agravamento, de acentuação da loucura em que nos metemos. Viram?, disseram os primeiros quando a pandemia contou os 200 mil mortos brasileiros. Viram?, disseram os outros quando uma turba de amalucados sinistros tomou de assalto o Congresso estadunidense.

Têm sua razão os negacionistas do calendário, têm razão os que desconfiam deste impossível futuro que se fez presente. Nem precisariam ir tão longe nos exemplos, poderiam apenas afirmar a aleatoriedade que há em todo registro do tempo, o arbítrio com que insistimos em delimitar os anos, meros volteios de uma rocha pelo universo. Poderiam alegar, com justiça, que não existem começos, que nunca existiu em lugar nenhum um começo. Que todo suposto marco inaugural sucede uma série de acontecimentos semelhantes, embora menos evidentes, numa cadeia que se expande ao infinito, para trás e para a frente.

Mas não sei, prefiro discordar dos sensatos, prefiro achar que há alguma beleza na invenção humana do recomeço. Não citarei aqui os versos de um falso Drummond, como fez um falso Fuks, um mero Fux que ocupa o cargo de ministro do STF. Não defenderei a falsa ideia de que há função no sofrimento, de que precisávamos passar pelo martírio de 2020 para aprender algo indefinível, e então renascer depois do tormento. Num Drummond autêntico, o sofrimento será sempre razão de pasmo e compaixão. Num Drummond autêntico, a esperança não se instaura por decreto, mas se constrói dentro do peito e ali permanece, à espera da palavra ou do gesto que a liberte.

Aqui permanecemos, somos sobreviventes de um ano terrível, e é aceitável considerar que alguma coisa vencemos. Cedo ou tarde, confio que seremos capazes de deixar para trás a inação que tomou os nossos corpos, a inércia do pensamento, a paralisia anímica que nos contagiou nesses muitos meses. Não é uma confiança vaga, temos um bom lastro para o recomeço: foi tanto o que abandonamos, tantos projetos que adiamos indefinidamente, tantas obras largadas ao meio, tantas manifestações que desertamos, tantos amores possíveis que deixamos em suspenso. Toda uma vida que podia ter sido e não foi, toda uma vida convertida em promessa de vir-a-ser — para usar a expressão do Drummond verdadeiro.

Temos a nosso favor o fracasso pretérito, essa história comum de múltiplas desistências. Eis uma das minhas poucas convicções firmes: do valor da hesitação, da incerteza. Há uma clarividência que só nos visita depois que nos deixamos atordoar pelas dúvidas mais sinceras. Muitas vezes li a respeito, algo disso experimentei, dubitativamente: que o mais valioso que podemos produzir acontece depois da desistência, depois da constatação de sua impossibilidade, de sua inadequação, de sua insuficiência.

Se assim for, há algo de prolífico e de potente que se deixa guardar para este ano seguinte, este ano que faz pairar no ar o seu comum alento. Foi grande o nosso atordoamento, foram inúmeras as dúvidas que assaltaram o nosso capitólio íntimo. Restituídos do tempo, é possível que nos tornemos capazes de produzir mais que suspiros coletivos. Já podemos ficar alertas: não há de demorar a hora de retomar projetos, amores, livros, de irromper nas ruas e calar o silêncio.

Haverá uma história?

Haverá uma história para contar quando tudo isso acabar? Haverá razão para ouvir essa história, e paciência para acompanhar as minúcias de tantas vidas interrompidas, tantas vidas paralisadas em destempo? Será narrável a magnitude dessa experiência, tão absoluta e insistente, que de um momento para o outro se apoderou do mundo inteiro e não nos abandona tão cedo? Ou preferiremos não narrar nada, nos render ao desejo de seguir em frente, de deixar tudo para trás, de esquecer, recalcar, ocultando de nós mesmos uma vivência desoladora e agônica, sem redenção possível?

Respostas a tais perguntas não são fáceis de encontrar, e sobretudo não cabe antecipá-las se ainda estamos tão imersos no presente. Mas Walter Benjamin, num de seus textos mais conhecidos, "O narrador", talvez nos ajude a ventilar ideias e alinhavar suspeitas. É ele quem fala de uma crise da experiência que marcaria o nosso tempo. É ele quem afirma, ainda em 1936, que "as ações da experiência estão em baixa, e tudo indica que continuarão caindo até que seu valor desapareça de todo". Estaremos cumprindo, nestes anos atípicos, o surpreendente vaticínio de Benjamin? Vivemos agora a culminação da crise, uma carência de palavras que de fato deem conta da experiência, que de fato nos expressem?

Em breves frases, Benjamin contempla seu maior exemplo: a situação dos soldados que voltavam mudos da Primeira Guerra Mundial, desprovidos de histórias, "não mais ricos, e sim mais pobres em experiência comunicável". Os muitos livros posteriores em nada redimiriam tal silêncio. O caso é que a nova estratégia de guerra alienava os combatentes, confinados em trincheiras, isolados uns dos outros, sem a possibilidade de acompanhar de perto a vastidão de acontecimentos. Dali, nada veem, tudo ouvem, e estremecem. São parte inerte de uma "paisagem em que nada permanecera inalterado, exceto as nuvens, e debaixo delas, num campo de forças de torrentes e explosões, o frágil e minúsculo corpo humano".

A comparação talvez resulte insólita, mas a ela me entrego: não é disparatado pensar a experiência da pandemia em termos semelhantes. A ação maior, conduzida por um inimigo invisível, acontece num plano inacessível, nos alienando — no melhor dos casos — do lado de fora dos campos de batalha, dos hospitais e postos de saúde. A vivência comum é ínfima: com maior ou menor rigor, estamos entrincheirados em nossas próprias paredes, privados de encontros e diálogos que há tão pouco constituíam nossa maior riqueza, fonte central das nossas narrativas corriqueiras. Sentimos a fragilidade e a pequenez do corpo humano, mas estamos alheios até às nuvens, que passam despercebidas sobre os nossos tetos.

Da morte também nos vemos distantes, embora nunca tenhamos estado tão próximos dela. "Hoje, a morte é cada vez mais expulsa do universo dos vivos", diz Benjamin, e sua frase guarda uma atualidade impressionante, como se nesse hoje estivesse contido o terrível ano pandêmico. A morte, que já vinha se tornando cada vez mais alheia às casas, cada vez mais segregada dos espaços rotineiros, agora extrapolou todo limite: dá-se à distância até dos familiares, dos amigos mais íntimos. A morte se desritualiza, se faz quantitativa, deixa de ser uma experiência única e irrepetível. E o que isso tem a ver com a história? Ora, é na hora da morte, segundo Benjamin, que se alcança a máxima autoridade para contar, é nas cercanias da morte que se encontram as narrativas.

Chegamos, então, a uma questão fulcral: se teremos ou não a autoridade necessária para contar essa história. Tão contingente e parcial tem sido nosso contato com a experiência em si, tão insignificante esse contato diante do quadro maior, que parece difícil a um sujeito qualquer assumir essa responsabilidade. E, problema suplementar, tão semelhantes têm sido os olhares, tanto têm se repetido as impressões de uma casa a outra, de uma cidade a outra, de um país a outro. Contar uma experiência particular será correr o risco de só encontrar ouvidos cansados, ouvidos que se identificam de imediato e então já não querem ouvir, já podem tomar o diálogo por terminado.

Alijados de tudo, tanto da experiência quanto da possibilidade de convertê-la em história, só o que nos resta é a profusão de notícias — a experiência convertida em interminável sequência de informações urgentes, nuances oscilantes traduzidas em escândalo e estatística. Onde há fartura de notícias, as narrativas faltam. Há uma incompatibilidade total entre a narrativa e a informação, esse ramo da comunicação sempre afeito às explicações, sempre disposto a subtrair das histórias o que elas têm de surpreendente. Nisso o filósofo é taxativo: "Se a arte da narrativa é hoje rara, a difusão da informação é decisivamente responsável por esse declínio".

Mas o que resta fazer, então? Calar, sucumbir ao silêncio, tornar-se testemunha passiva dos nossos próprios tempos convulsivos? Fazer da pandemia mais um exemplo daquilo que a cultura costuma definir como o "irrepresentável", que paradoxalmente não deixa de ser representado à farta, embora sempre reafirmando sua própria insuficiência? Prefiro pensar que não. Prefiro pensar que teremos, sim, muito a narrar, que podemos produzir uma infinidade de obras necessárias, literárias, pictóricas, cinematográficas, se encontrarmos o tom, se encontrarmos a forma.

A esperança me veio ao assistir a um filme peculiar, *Josep*, do cartunista Aurel, uma animação francesa que aborda os anos da Segunda Guerra Mundial. Não mais um retrato soturno e heroico do Holocausto, não mais uma narrativa sobre aquilo que conhecemos demais. O que o filme traz à tona, em vez disso, é algo que se poderia tomar como uma experiência secundária da época, quase despercebida: os campos de concentração franceses onde ficaram confinados milhares de revolucionários que fugiram da Guerra Civil Espanhola. Há algo de relevante nessa escolha, algo de exemplar: o que se narra não é o acontecimento central da história, mas o que escapa à memória coletiva, o que a profusão de notícias não cuidou de ressaltar.

O que o filme narra, mais especificamente, é a vida de um artista nesses campos, a vida de Josep Bartolí. Um artista dos mais interessantes, de trajetória surpreendente, que ali viveu sua máxima tragédia e então foi capaz de escapar para fazer-se amante de Frida Kahlo e para ilustrar com sinistra precisão tudo o que viu. Não se trata de um protagonista da História, com o H maiúsculo que alguns querem lhe atribuir: Josep é um personagem discreto em tempos repletos de figuras maiúsculas, e talvez seja isso o que nos envolve em sua vida, o que faz dele uma figura cativante.

Mas, claro, não há uma resposta simples para o problema, não há e não haverá uma fórmula a ser seguida — afortunadamente. Se escrevi estes últimos parágrafos sobre um filme específico que pouco tem a ver com o nosso tempo, é apenas para afirmar que, quando chegar a hora de narrar, talvez não nos falte saída. Apesar de tudo, e contra tudo, o inenarrável saberá se fazer narrativa, transformará o presente empobrecido de experiências num passado talvez prolífico. Não haverá uma história, está bem. Mas pode haver uma miríade de histórias necessárias e interessantíssimas.

Sobre outros Carnavais

O relato histórico é surpreendente. Eram ainda os primeiros anos da peste negra quando, em alguma ignorada cidade alemã, uns sujeitos anônimos se puseram a bater mãos e pés, a entoar cantos incertos, a dançar entusiasticamente. Outros se somaram a eles, camponeses, clérigos, oleiros, artesãos, cozinheiros, e a cidade já não foi suficiente para tanto movimento. A historiadora Barbara Ehrenreich é quem registra: em pouco tempo a multidão em desvario já atravessava toda a extensão do futuro país, chegando a cruzar a fronteira da Bélgica. Foi na antiga Aix-la-Chapelle que, em delírio pleno, perdendo todo o controle sobre os seus sentidos, a multidão foi ao chão num estado de exaustão coletiva, consumida até o limite por sua euforia, enfim satisfeita.

Leio essa história e não quero pensar na peste, não quero me afligir com a profusão de contágios, não quero me fazer porta-voz do Imperial College e me pôr a calcular as possíveis vítimas. Prefiro em vez disso atentar ao que nascia ali, e em outros tantos lugares simultaneamente, no estranho surto de criatividade festiva que se deu na Europa nos séculos XIII e XIV. Nascia ali, ou melhor, recriava-se ali algo já retratado fazia milênios em pinturas rupestres, algo encontrado nas mais distintas eras e entre os povos mais diversos, algo que alguém poderia reputar, com indubitável exagero, como a suma, universal e definitiva atividade humana: renascia ali o Carnaval.

O Carnaval morre e nasce a cada ano, morre e nasce a cada cortejo, a cada desfile, a cada bloco. Por isso fracassam os que querem acabar com ele, por isso falharam os reis e os papas que tentaram legislar contra ele, por isso se fizeram risíveis os déspotas que criticaram sua depravação em dourados tuítes. Goethe soube explicar bem por que nenhuma autoridade jamais é capaz de detê-lo, jamais consegue conter o que "realmente não é dado ao povo, e sim algo que o povo dá a si mesmo". O Carnaval sofreu baixas, a repressão soube abatê-lo em alguns contextos — e por vezes, como hoje, houve razões justas para interrompê-lo. Mas o tempo é seu aliado, o tempo gosta de sua transgressão e sua insensatez, gosta de se fantasiar e sair pelas ruas dançando a esmo.

Precisei de tempo para entender o Carnaval — mas entender não é a palavra certa, porque o Carnaval repele o entendimento e prefere abraçar o ininteligível, fazendo-se perturbador e simpático num único gesto. Por vinte anos, vendo-o passar por ruas alheias com seus modos ruidosos e desordeiros, observando o Carnaval dos outros, tudo o que senti — velho em meu corpo que nem bem encerrava a adolescência — foi uma aflição besta pela troca constante de gêneros e pelos rostos pintados em desenhos assimétricos. Precisei de vinte anos para parar de procurar sentido no Carnaval e me incorporar a ele. Meu corpo, então, entendeu.

A cada ano, a cada sábado de Carnaval, me sinto como o oleiro alemão concentrado no vaso que esculpe quando começa a ouvir os gritos, os cantos, os muitos pés dançantes que se aproximam. Por um instante ele hesita, tem um vaso a terminar, um prazo que se extingue, e não consegue enxergar o que ganhará ao se somar à turba festiva. Sente-se, ainda assim, inevitavelmente atraído, não pode conter um primeiro oscilar dos pés, contra a própria vontade vê que suas mãos batucam na argila deformando a valiosa peça. Ainda tímido ele se entrega à festa, ainda no controle das palavras e dos movimentos, mas em poucas horas não saberá o que responder quando alguém perguntar seu nome. Não por estar intoxicado ou consumido pela embriaguez, talvez só um pouco por isso; mas também por já não se ver tão semelhante a si mesmo, por já ser outro homem que não o artista circunspecto.

Aqui já sou outro, não mais o oleiro, já quero me tornar a pequena Clarice Lispector, seduzida pela súbita agitação que tomava ruas e praças do Recife, como se assim elas "enfim explicassem para que tinham sido feitas". Ela própria se deixava tomar pela mesma agitação, sentindo "como se as vozes humanas enfim cantassem a capacidade de prazer que era secreta em mim", que era secreta nela, que era secreta em mim. "Carnaval era meu, meu", permitia-se afirmar a pequena Clarice, mesmo se mantendo quase sempre à parte, observadora da alegria alheia. Só um dia a menina se fantasiou, e esse dia lhe trouxe outra tristeza, mas também lhe deu uma alegria própria — nesse dia, por um instante, ela já não foi menina, foi uma flor toda feita de pétalas cor-de-rosa.

A beleza de seu conto, "Restos do Carnaval", está na oscilação de sentimentos que descreve. A beleza do próprio Carnaval talvez esteja na mesma oscilação, no encanto que emerge de algum lugar impreciso e chega a nos envolver por inteiro, para então se dissolver em desencanto e silêncio. Este é um ano desencantado, um ano em que a alegria é no máximo promessa. Ainda assim vou me permitir, no silêncio matinal deste sábado, alguma entrega à turba ruidosa dos meus, da minha mulher e das minhas filhas, talvez até trajando algum adereço, entoando com elas os nossos cantos costumeiros. Quem sabe por um átimo eu consiga me esquecer disso tudo e me esquecer de mim mesmo, quem sabe eu consiga ainda uma vez ser rosa, ser oleiro.

O último homem

Há em cada morto uma constelação de mortos. Em cada corpo que se apaga, apaga-se muito mais do que o indivíduo que o ocupava, muito mais do que sua interioridade. Com ele se esvai uma memória, uma história, uma linguagem, com ele se enterra uma cultura a um só tempo íntima e comunitária. Talvez por isso choremos a morte mesmo quando ela não chega a nos privar de nada: choramos porque, em cada morte, morre uma parte da humanidade.

Eu poderia estar escrevendo sobre o drama de alcançarmos, nesta tragédia interminável, os 250 mil mortos. Mas não, o que agora toma os meus pensamentos é a morte de um homem só. Penso em Amoim Aruká, o último homem do povo juma que ocupava desde tempos imemoriais as margens do rio Assuã, no sul do Amazonas. Penso em Aruká Juma, morto há poucos dias por covid-19. Beirava já os noventa anos, poderíamos julgar sua morte não mais que natural, inevitável, o retorno à terra para um descanso desejado. Mas não, há nesse caso uma gravidade maior. Se o que morre é sua etnia, seu povo, se sua constelação de mortos se estende vastamente em direção ao passado, nosso mundo está mais pobre e mais raso depois dessa morte.

Convém contemplar essa perda em mais detalhe, para assimilar não apenas sua realidade, mas seu valor simbólico. Diante de algo assim, é evidente que não basta lamentar o presente, pois estamos confrontados com a consumação de uma violência maior: a dizimação de um povo inteiro num esforço mortal continuado. Os juma chegaram a ser 15 mil no final do século XIX. O terrível século XX os atingiu pesado: chacina após chacina, numa suposta conquista da Amazônia, eles foram se tornando mais e mais escassos, até restarem apenas algumas dezenas na década de 1960. O que agora faz uma doença, ou melhor, o que faz a negligência estatal, é completar o minucioso trabalho de destruição de uma cultura por forças que alguma vez se afirmaram civilizatórias.

Essa história tem um capítulo à parte que mereceria muito mais do que um parágrafo. No fatídico ano de 1964, deu-se o último massacre contra o povo Juma, por um grupo de extermínio contratado por comerciantes locais, supostamente interessados nas castanhas do território. Entraram atirando sem nenhum pudor, nenhum reconhecimento das vidas que ali se encerravam. Sessenta indígenas morreram como "bestas ferozes", no termo empregado pelo mandante do crime, orgulhoso por livrar sua região de alguns selvagens. Sobreviveram apenas sete, entre eles Aruká. Era 1964, eu poderia estar falando do golpe militar, da atrocidade do regime que então se instaurou, da atrocidade que agora se retoma — e de certo modo estou.

Povo algum jamais foi aniquilado para que outro comesse castanhas. A aniquilação é a própria finalidade, a supressão de tudo o que desconhecemos, do que escapa à nossa compreensão imediata. Trata-se de uma guerra sem fim contra os bárbaros, como afirma Ailton Krenak, contra os povos marginalizados do mundo, contra indígenas, caiçaras, aborígenes, quilombolas. "Muitas dessas pessoas não são indivíduos, mas 'pessoas coletivas', células que conseguem transmitir através do tempo suas visões sobre o mundo." Sim, células que vão transmitindo geração após geração uma cultura rica, diversa, muito distinta da nossa — até que a civilização as devora.

O traço comum mais marcante nessa imensa diversidade, ainda segundo Krenak, é o apego insofismável pela terra. "Parece que eles querem comer terra, mamar na terra, dormir deitados sobre a terra, envoltos na terra", ele provoca. Essa intimidade com o espaço, essa profunda familiaridade, é o que nunca chegamos a entender por completo, e por isso não sabemos respeitar. Que o rio seja um avô, como o chamam os krenak, que a montanha seja um amigo com quem se intercambiam dádivas. Aruká passou anos abatido, entrevado, privado da terra de seus antepassados. Quando por fim ela lhe foi restituída, contam os presentes, seu corpo recobrou uma juventude impensável, seus pés se fizeram ágeis sobre a pele da terra ancestral. Nessa noite ele entoou o *ajapyryty*, um comovido choro ritual em homenagem aos mortos.

Porque não entendemos esse apego à terra, porque nos alijamos da terra a ponto de julgá-la dispensável, é que essa morte tem um valor simbólico suplementar. Ela não é apenas um crime humanitário, mas também a manifestação tortuosa de um crime ambiental contra a terra, da imensidade de crimes ambientais que vamos cometendo por toda parte. Na morte de Aruká não morre apenas o mundo incógnito dos juma, mas também um mundo que conhecemos bem: o nosso próprio mundo. Alijados da terra, recebendo dela apenas notícias remotas, vivemos como se não soubéssemos da destruição que está em curso, como se fosse possível esquecer a iminência do fim.

Mas a história não termina aqui, a história nunca termina. Contra tudo, a terra resiste. Contra tudo, resistem até mesmo os juma. Continuo lendo sobre a morte de Aruká Juma e descubro que só numa concepção normativa e patriarcal a etnia foi extinta. Aruká deixou três filhas, que se casaram com homens do povo uru-eu-wau-wau, e assim abdicariam de sua origem. Descubro então que filhas, genros e netos decidiram romper a tradição de seus povos e se autodeclarar juma, resistindo simbólica e fisicamente, sobrevivendo contra toda expectativa. Seguindo esse exemplo de ruptura talvez possamos também sobreviver, se estivermos dispostos a romper nossa própria tradição de devastação e extermínio.

A nova variante do autoritarismo

Por sua própria gênese, por sua aparente proximidade com o descompromisso e com o escracho, houve quem pensasse que a nova variante do autoritarismo brasileiro seria menos grave. Não passaria de umas declarações provocativas, como alegavam seus apoiadores mais envergonhados, um chacoalhão necessário em políticos e partidos acomodados em suas velhas práticas, um susto menor na institucionalidade. Passados já dois anos de sua vigência, se não mais, seu efeito e alcance estão bastante claros: a nova variante não é apenas mais transmissível que as anteriores, é também mais letal.

Sua vinculação com as velhas cepas do autoritarismo nacional está plenamente constatada: na comunidade científica, não resta dúvida de que se trata do mesmo vírus. Os traços marcantes se preservam quase inalterados e são capazes de atravessar os séculos, da sociedade escravocrata à última ditadura, que de tão pura serve de exemplo tanto à bibliografia quanto aos novos autoritários. Esses traços principais seriam, na morfologia de Lilia Moritz Schwarcz, a "demonização das questões de gênero, o ataque às minorias sociais, a descrença nas instituições e partidos, a conformação de dualidades como 'nós' (os justos) e 'eles' (os corruptos), a investida contra intelectuais e imprensa, a justificativa da ordem e da violência, o ataque à Constituição e, finalmente, o apego a uma história mítica", entre outras excrescências mutáveis.

Como em outros casos descritos na literatura médica, a potência destrutiva da nova variante viria de sua aparente brandura, do fato de contagiar amplas camadas populacionais sem ser percebida num primeiro momento e sem matar de imediato os hospedeiros. Propagou-se com facilidade valendo-se de recursos que alguns reputariam inocentes, como piadas de gosto duvidoso espirradas no rosto alheio, ou comentários intolerantes cuspidos em âmbito doméstico. Difundiu-se tanto que chegou a atingir a maior parte da população no momento crítico da eleição, sem no entanto proporcionar qualquer tipo de imunidade de rebanho. Assim, não é exagerado pensar que estejamos diante da variante mais transmissível da história do país.

Todo cuidado é necessário: apesar de ostentar essa faceta cínica e escrachada, o novo autoritarismo nada tem a ver com o humor e tem mostrado extrema seriedade. Em alguns aspectos, apenas começa a se assemelhar às variantes do passado, ainda não chegando a manifestar a censura e a tortura como sintomas acentuados. A censura se verifica em casos isolados, embora não irrelevantes, coagindo professores universitários que critiquem a máxima autoridade, ou prendendo jovens por meros tuítes sarcásticos. Parece ter como finalidade uma intimidação vaga, um silenciamento geral. Quanto à tortura — embora seja presumível que ela continue a acontecer em delegacias e quartéis, ou nas ruas escuras dos bairros pobres —, sua expressão mais inovadora está nas palavras insensíveis com que o presidente insiste em martirizar o país.

Mas é na produção de mortes que se manifesta a máxima severidade da nova variante, superando inclusive o índice de mortalidade das cepas tradicionais. A comparação exige cautela porque os antigos autoritarismos foram pródigos em assassinatos massivos — contrariamente ao que se costuma acreditar, a ditadura matou muito mais do que os quatrocentos militantes nomeáveis, vitimando também milhares de camponeses, indígenas e tantos outros anônimos. Ainda assim, nada parece comparável ao massacre promovido pelo novo mal, pela surpreendente coinfecção entre o novo coronavírus e o novo vírus do autoritarismo. Uma combinação altamente lesiva que, assombrando toda a comunidade médica e política, já deixou um rastro de 260 mil mortos, e agora passa a produzir, por tempo indefinido, quase 2 mil mortos por dia.

Letalidade e transmissibilidade parecem se valer da mesma tática: é de novo pela indistinção que as mortes se propagam sem qualquer limite. A nova variante do autoritarismo não incide apenas sobre os seus inimigos políticos, ou sobre as minorias que quer extinguir. Não, ela ataca todo o conjunto da população, ela mata sem discriminação ideológica, atingindo sobretudo os mais vulneráveis socialmente. Mata e quer se eximir da culpa, recusa-se a assumir sua própria responsabilidade, sua negligência, sua sabotagem contínua de toda estratégia de defesa, mata e não quer admitir que esse é seu maior projeto. Nisso parece se inspirar na variante anterior: o novo autoritarismo também mata e tenta se desfazer dos corpos.

A situação é extrema e não pode senão suscitar uma preocupação superlativa. Ainda assim, não há por que supor que o vírus irá prevalecer, que a humanidade não saberá criar resistência contra essa nova variante de uma velha doença. Como o tratamento precoce falhou, recomenda-se agora o cuidado intensivo com vastos protestos, administrados por meio de panelaços, apitaços, repúdios e ações em todas as instâncias imagináveis. Afortunadamente, são boas as perspectivas de uma vacina, que pode extinguir a nova variante do autoritarismo, ou ao menos torná-la inativa, já ao final de 2022. Fundamental é que ela demonstre mais de 50% de eficácia, como recomenda a OMS.

O samba que perdemos

Repara na baita alegria com que se canta a tristeza, ele disse, e eu me pus a observar a vastidão de rostos felizes, os olhos cerrados, os queixos erguidos, o canto que despontava em cada um vindo de algum lugar íntimo e longínquo. O bar eram aqueles corpos a oscilar num ritmo preciso, as vozes em uníssono a percutir nas paredes acinzentadas, a reverberar sob as camisas, sob os vestidos. No palco ao rés do chão, a cantora também mantinha os olhos quase fechados, o queixo erguido, rodava o microfone diante de seus lábios enquanto cantava sua desgraça que era a nossa desgraça, você arruinou a minha vida, sua alegria que era a nossa alegria.

O Ó era assim, a cada noite o Ó era assim, um samba de luzes acesas para que nos víssemos, para que não pensássemos em esconder tristezas, para que pudéssemos somar sorrisos. Era raro que eu me juntasse aos corpos dançantes. Na maioria das vezes, minha mulher descia à turba e se perdia, eu permanecia um degrau acima junto ao balcão, onde os copos se enchiam sem sobreaviso e as palavras ainda eram audíveis. Muitas amizades estreitei ali, muitos casais vi nascer, a maioria efêmeros, outros duradouros e férteis — poderia ficar embevecido como em tais noites e dizer que aquele espaço exíguo era a própria fonte da vida. Poderia seguir, melancolicamente, e declarar que agora a vida não tem mais fonte, a vida já é só a sua ruína.

Se ainda estivesse ali, naquele canto do nosso bar favorito, Tony Monti voltaria a tomar a palavra para me repreender por ser tão grandiloquente, tão dramático. Tony e eu vamos travando, há quase vinte anos, uma mesma conversa infinita que trata de todos os assuntos do mundo, e que interrompemos a cada encontro com uma falsa despedida. Não sei quem de nós chegou a dizer isso alguma vez, já nos importam pouco as autorias. Sei que o Ó era o terreno dileto dessa conversa, a casa onde morava a nossa amizade, eu diria aos seus ouvidos contrariados, a casa que em pouco tempo estará demolida. Ou penso nele ao falar do Ó porque alguma menina escrevera na parede do banheiro, em indiscreto batom vermelho: Tony M., samba só se for com você.

Ali nos refugiávamos, minha mulher e eu, duas ou três noites por semana, e alongávamos as madrugadas, e adiávamos as manhãs feitas de uma luz branca e fria. Também era no Ó que celebrávamos todos os acontecimentos, das grandes conquistas às ninharias corriqueiras, umas e outras bastante indistinguíveis, os aniversários, as defesas acadêmicas, os lançamentos de livro. No Ó ela celebrou sua despedida de solteira, na véspera da festa de casamento que nunca fizemos. Aquele espaço era também a nossa casa, e a ela tentávamos retornar a cada vez que viajávamos, buscando nas cidades mais diversas o correlato perdido do Ó, um bar-irmão que partilhasse sua atmosfera, seu espírito. Nunca foi muito difícil, bastavam algumas noites e uma indicação certeira para que chegássemos ao Ó do tango, ao Ó do jazz, ao Ó do rock, ao Ó do fado.

Não sei que fim terão levado esses Ós alternativos, os Ós que devem existir em cada cidade deste mundo vasto e cada vez menos festivo. Sei que o Ó do Borogodó está fechando as suas portas, que foi lavrada a ordem de despejo, assinada por algum juiz austero e infenso ao samba, um juiz imbuído de seu ofício. Não quero me fazer grandiloquente ou lírico, mas sinto que suas paredes não resistiram sem a vibração das vozes, no silêncio uníssono da pandemia. Em tempos tão difíceis, pouca alegria tem sobrado para cantar tanta tristeza, e os sambas têm soado todos tristes, embalando outros fins mais sensíveis.

Ainda assim, a comoção com que escrevo este texto é menor, muito menor do que aquela que pude testemunhar nos amigos, nos conhecidos, nos milhares que se enterneceram diante da notícia — milhares que eu poderia chamar de desconhecidos, se não suspeitasse tê-los visto alguma vez, de olhos cerrados e queixo erguido. O Ó não era o meu bar, não era o nosso bar, era o bar da vida de toda essa gente, é o que elas dizem em derradeiro uníssono, num aplauso persistente por uma última música, um último samba antes de partir. Aplaudem e insistem enfaticamente: enquanto escrevo este parágrafo, fico sabendo de uma campanha coletiva para salvar o Ó, e torço para que o bar resista e torne insensatas todas estas linhas.

Sinto que o que tememos, tantos de nós, não é o fim do samba, que jamais morrerá apesar de tanta agonia — isso aprendemos bem. Sinto que tememos que o bar seja esquecido, e que assim também as nossas noites acabem por esvaecer no tempo. Mas se Tony estivesse ao meu lado neste momento, se estivéssemos observando juntos toda a turba comovida, eu cutucaria uma costela sua com meu cotovelo e lhe diria, talvez ainda com um sorriso: repara na baita memória com que se canta o esquecimento.

Sobre a dor dos outros

A dor dos outros tomou conta de tudo, já não permite nenhum contorno, nenhuma fuga. Por todo lado ela nos confronta, mostra seu rosto em cada notícia, faz-se curva nas estatísticas, ganha corpo na concretude das ruas, ressoa na voz dos amigos. A dor dos outros é variada e expansiva: é a dor da morte, da perda, da fome, dos planos desfeitos, dos sonhos esquecidos. É a dor da desilusão, da desesperança, da indignação, da saudade, da espera. A dor dos outros é plural, são muitas dores, mas é também uma única dor a lancinar o país, talvez o mundo. A dor dos outros é tão vasta quanto o mundo, e por isso a perdemos de vista.

A dor dos outros é um abismo sobre o qual a nossa dor assoma. Tenso e hesitante, dela um homem se aproxima. Se ele recua um passo, se decide resguardar-se da queda, acaba por se alienar do sofrimento, se faz indiferente e frio. Segue sua vida com alguma calma, sobressaltado apenas pelos gritos que sobem do precipício. Se, no entanto, dá um passo adiante, deixa-se tomar pela súbita vertigem, seu corpo estremece, as lágrimas o visitam, ele paralisa. Faz da dor do outro uma dor sua e só escuta o seu grito, abafando as muitas vozes que deveria ouvir. No fino fio entre a segurança e o tombo é que procura o equilíbrio impossível.

A dor dos outros é um problema de resolução inexistente, um impasse, uma aporia. Diante desse problema, estamos quase sempre sós, em meio a uma comunidade ilusória e esquiva. "Nenhum 'nós' deveria ser aceito como algo fora de dúvida, quando se trata de olhar a dor dos outros", Susan Sontag diz. Contemplamos a mesma dor, a mesma dor nos afronta, lado a lado nos deixamos tomar pela repulsa e pelo horror. Por um átimo, essa companhia nos apazigua, sentimos que nela haveria força para mitigar a dor. E então discutimos como saná-la e palavra por palavra vamos divergindo, não chegamos a nenhum acordo, voltamos a ser rostos tristes e sós espiando o abismo.

"Por longo tempo algumas pessoas acreditaram que, se o horror pudesse ser apresentado de forma bastante nítida, a maioria das pessoas finalmente apreenderia toda a indignidade e a insanidade da guerra", comenta Sontag. Diz guerra, mas poderia dizer tirania, miséria, pandemia. A circunstância não altera o erro de julgamento: muitos continuam a deturpar o horror, a ignorar suas razões, a renovar os argumentos de suas certezas equívocas. Diante da imagem crua da catástrofe, seguimos por Sontag, as reações podem ser bem diversas: uns apelam pela paz, uns clamam por vingança, e outros tantos talvez se limitem a aceitar, bovinamente, que "coisas terríveis acontecem".

A dor dos outros é exigente, nos pede mais que compaixão, mais que o exercício breve da empatia. Para ela não basta a indignação inespecífica, não basta a aversão repentina e efêmera. A dor dos outros conclama ao pensamento e à ação, a uma compreensão profunda de suas origens e seus mecanismos, a uma tomada de posição assertiva. Mas de nada lhe vale a ação individual, nada fará aquele que ponderar profundamente e então lançar seus braços sobre o abismo. A dor dos outros nos exige o acordo improvável, a comunidade que perdemos entre ódios e indiferenças.

Da literatura não esperamos que nos salve do abismo, ou não deveríamos. Na literatura, a dor dos outros se fez um novo problema, igualmente insolúvel. Já não acreditamos que podemos acessar, compreender, descrever a dor dos outros. Restam duas opções insuficientes. Explorar a minha própria dor até o limite, na remota esperança de que o outro, sim, consiga acessá-la e compreendê-la, consiga até se reconhecer nela. Ou simular a dor do outro tão bem quanto eu puder, correndo o risco de avançar sobre ela e enchê-la de palavras insinceras, de cobrir o abismo da dor alheia e já não o ver.

Mas há momentos em que a literatura supera o seu impasse e se faz maior do que o seu problema. Foi o que senti ao ler *Vista Chinesa*, de Tatiana Salem Levy, o relato cru e contundente de uma violência indizível, de um estupro e suas múltiplas reverberações na vida de uma mulher. É duro submergir nessa dor, entre tantas dores do mundo, é duro acompanhar o relato que foge a qualquer alusão, a qualquer elipse, que tudo narra minuciosamente. Por vezes senti estar saltando no abismo da dor dessa mulher, um abismo que me devolvia intacto ao meu corpo, pois essa dor não me era dado conceber.

A força do livro está em sua construção sensível, em sua linguagem, mas também em sua concepção: Tatiana não narra sua própria dor e tampouco inventa a dor alheia. Dá a mão a Joana Jabace, a vítima do crime em questão, e juntas elas encontram as palavras para expressar o que uma fatalmente calaria, o que a outra não se atreveria a explorar. E agora o gesto solidário se faz explosivo, vai tomando uma comunidade de leitores e leitoras, e já tem dado lugar a outros relatos do indizível, já tem se tornado a ação comum que o presente nos exige.

Nunca terminaremos de testemunhar a dor dos outros, o abismo não se fechará diante de nós. Mas por vezes é possível vislumbrar o movimento que o cobrirá de terra ao menos um palmo, e isso devolve vigor ao nosso corpo.

Dos deveres insistentes da quarentena

Dos deveres insistentes da quarentena:

Respeitar a quarentena. Maldizer a quarentena. Lamentar, execrar, deplorar a quarentena. Dizer que a quarentena obstrui, interrompe, paralisa, dizer que ela irrita, dá nos nervos, dizer que ela desanima, abate, deprime. Dizê-lo intimamente. Calar sobre os males da quarentena porque já se foi o tempo de falar sobre isso, porque já cansam os tantos professores da quarentena, poetas da quarentena, reclamões da quarentena, profissionais da quarentena. Calar as queixas contra a quarentena porque para isso já basta o sórdido presidente. Respirar. Respeitar a quarentena.

Repetir tantas vezes a palavra quarentena que ela então já não diga nada, que se desfaça em sílabas indiferentes, uma mera sequência de ês anasalados como numa cantilena. Esquartejar a quarentena. Compreender que sua matéria não é a palavra, e sim o tempo, e decepar os dias que restam até o fim da quarentena, as horas que restam até o fim dos dias, os minutos que restam até o fim das horas. Aceitar que o tempo esquiva toda tentativa de violência e reconciliar-se com ele. Reconhecer que a indigência do presente é habitada por um passado largo, por um futuro desconhecido e imenso, e chegar a ver até alguma beleza no movimento incessante e errático do tempo.

Esquecer a quarentena. Despertar sem muito pensar no dia que vem pela frente e se vestir por inteiro, calçar meias e sapatos, pentear-se diante do espelho. Terminar de uma vez aquela livre paráfrase do poema de Juan Gelman, trocando o exílio pela quarentena, e perceber que se a coluna está pronta só pode ser sexta-feira. Cogitar, por um instante que seja, encontrar os amigos depois do trabalho, sentar para tomar uma cerveja num bar qualquer, estender pela noite a bebedeira. Tirar os sapatos e as meias, ir dormir ainda sóbrio, ainda cedo, e se concentrar para, no dia seguinte, por um instante que seja, não se esquecer de esquecer a quarentena.

Ler notícias o dia inteiro, ouvir notícias, assistir às notícias quando a noite chega. Levar as mãos à cabeça seguidas vezes, afundá-las nos cabelos, esfregar a testa, espremer os olhos com os dedos. Tentar raspar as notícias que aderiram à pele, tentar borrar as imagens que as pálpebras retiveram. De olhos fechados, perguntar-se com total descrença se não estaremos imersos no maior e mais dramático dos pesadelos. Desligar a televisão, fechar o computador, deixar de lado o celular, instaurar na casa o silêncio. Ir preenchendo o silêncio com palavras alheias, pensar no silêncio de Mario Quintana, este impoluível silêncio em que eu escrevo e você me lê.

Esperar que os vizinhos poluam o silêncio com o ruído de suas panelas, de sua raiva, sua indignação, seu desespero, e então ir ouvi-los junto à janela. Chocar seguidas vezes uma colher de pau contra o dorso de uma frigideira, ver como a colher vai deixando pequeníssimas gretas no fundo preto, desejar que o ruído estridente consiga produzir sobre o real o mesmo efeito. Gritar contra o presidente, mas sobretudo conversar com os vizinhos através dos gritos, ir compondo nas variações de cada grito um discurso coletivo, um manifesto. Recuar ao sofá, recostar-se, massagear a garganta um tanto áspera, sentir como o corpo ainda vibra de seu rompante recente.

Ficar em casa, isso está claro. Maldizer a pequenez da casa, tenha ela o tamanho que tiver, lamuriar-se da proximidade das paredes. Levantar-se, mover-se, explodir as paredes da casa de todas as maneiras imagináveis, comunicar-se por todos os meios, com quem quer que seja. Tentar fazer da casa um lar para a infinidade. Tentar existir no mundo apesar de tanta ausência. Voltar a se recolher na intimidade da casa. Percorrer cada cômodo da casa à procura de seus habitantes, das filhas, da companheira. Abraçá-las, uma de cada vez, envolvê-las intensamente sem que elas entendam por quê, sustentar o abraço até que entendam.

O amor nos tempos da covid

Hoje fez quinze anos desde que começamos a morar juntos, ela disse, já deitada na cama, passada a meia-noite. Sua voz não trazia nenhuma vibração particular, tampouco uma acusação pelo lapso, não parecia mais que o registro neutro da data que antes festejávamos. Posso ter erguido as sobrancelhas por um átimo, posso ter erguido o copo d'água que estava prestes a deixar na cabeceira, num brinde precário que ela não quis acompanhar. Deitei ao seu lado, e o beijo que trocamos trouxe o rastro do cansaço, adiando os festejos para a sexta. Talvez fosse inevitável: o cheiro ardente do álcool gel nos lembraria sempre o destino dos amores contrariados.

Na sexta ela acordou com os olhos baços, tomada de mal--estar, e quis sumir entre os lençóis quando as meninas saltaram sobre o seu peito, ainda antes das seis horas. Logo os sintomas foram se fazendo mais claros e mais lúgubres: tinha febre, coriza, tosse, talvez lhe faltasse o olfato, talvez lhe faltasse o ar. Por alguns dias o amor se deixou eclipsar por cuidados e receios não declarados, o amor se fez analgésicos e antitérmicos e frases calmantes em intervalos regulares. Deu-se a excursão familiar à farmácia, as meninas dançaram por seus corredores como se por campos ensolarados, e o exame negativo dissipou temores e sintomas de imediato. Podíamos então voltar a nos perguntar, com dignidade, com grandeza, com desejos incontíveis de viver, o que fazer com o amor.

Nos dias seguintes era preciso vencer os afazeres acumulados, cumprir urgências atrasadas, negociar o prazo das impossibilidades. Nossos contatos pouco passaram de esbarrões sob a soleira da porta, um a entrar no escritório para seu turno de trabalho, outro a sair do escritório para seu turno parental. Coube ao amor refletir-se no rosto severo da produtividade. Uma hora valiosa de trabalho ela roubou para escrever palavras bonitas numa rede social, recordando nossos quinze anos de noites oníricas, de madrugadas inebriadas de carinho e poesia, e dias sombrios que se iluminam quando estamos de mãos dadas. Eu aproveitei o intervalo entre o jantar e o banho das meninas para alinhavar umas palavras próprias, não fosse sua mensagem pública ficar sem resposta. Devia ter agregado, em minha defesa, com toda a sinceridade: só porque alguém não te ama como você quer, não significa que não te ame com todo o seu ser.

E então, quando já não faltava cabeça, quando já não faltava saúde, quando já não faltava tempo, talvez nos faltasse ânimo. Na sala nos encontrávamos pouco depois das oito horas, cada uma das meninas já em sua cama, nós dois atirados no sofá, convalescendo ao fim da batalha doméstica. Pela luz bruxuleante da televisão nos chegavam notícias de um combate bem mais árduo, esse sim fadado à derrota, a contagem vertiginosa das baixas alcançando as 3 mil mortes diárias, a falta de médicos e medicamentos sob o cinismo da autoridade máxima, um país em sua derrocada melancólica. O amor se torna maior e mais nobre na calamidade, uma declaração dessas talvez pudesse nos consolar, mas o que fazer se a calamidade toma os nossos corpos, se ela nos invade e nos viola na infinidade dos nossos poros?

Ontem celebramos nossos quinze anos juntos. Ontem, assim que nos foi dado descansar, nem ela nem eu tivemos vida para nada que não fosse pensar em nós, sonhar conosco, nem ela nem eu tivemos corpo que não fosse para o encontro necessário. Ontem a realidade soube se recolher em seu espaço próprio, já não se projetou nas paredes da nossa casa, não se fez sangue em nossas taças de vinho, não acompanhou nossos passos até o quarto. Hoje é uma manhã clara apesar do tempo nublado, e eu nada preparei para escrever embora me seja obrigatório. Mas não me importa: tudo aprendi com García Márquez, e agora sei que devo pensar no amor como um estado de graça que não é um meio para nada, e sim uma origem e um fim em si mesmo.

O trabalho que nos impomos

Se eu fosse sincero comigo mesmo, não escreveria este texto. Não me fecharia em palavras em mais uma sexta-feira pandêmica, para alinhavar uns parágrafos a mais sobre as lógicas tortuosas que nos regem e os nossos disparates corriqueiros. Sobretudo não o faria, como o faço agora, para criticar este rigor de produtividade que nos consome, que nos obriga a sempre fazer mais, criar mais, dizer mais. Se eu fosse sincero comigo mesmo, pediria desculpas ao meu editor, acenaria brevemente a algum possível leitor e me retiraria a um silêncio feito de paz e sossego — ou à ruidosa companhia das minhas filhas, que é o mais próximo que tenho chegado do improdutivo silêncio.

Desde o início destes tempos convulsos, me espantou a inércia com que mantínhamos ativo o nosso ímpeto produtivo. A morte era massiva, como ainda é, absurdos os desmandos oficiais, como o são cada dia mais, e ainda assim tantos de nós avaliamos que devíamos nos manter firmes no trabalho de outras vezes, que não podíamos desviar os olhos das nossas insondáveis metas. E, quando isso se revelou uma impossibilidade absoluta, quando o tempo se fez indomável e toda concentração uma miragem, passamos a ser acometidos pela apreensão e pela culpa, passamos a nos martirizar por não sermos capazes de atender a tantos anseios.

Não há nenhuma novidade no que digo, nenhuma novidade no que temos vivido. Já há dez anos o filósofo sul-coreano Byung-Chul Han vem descrevendo essa sociedade feita de sujeitos imensamente dispostos a explorar a si mesmos, carregando em suas próprias costas o fardo que é o imperativo de rendimento. Se há uma autoridade externa que nos exige a produção máxima, e tantas vezes há, ela se internalizou nos trabalhadores contemporâneos, e assim pode ter se tornado até mais incontornável, mais exigente, mais cruel. "Cada um carrega consigo seu próprio campo de trabalhos forçados", diz Byung, "e o que é peculiar neste campo de trabalhos forçados é que a pessoa é ao mesmo tempo prisioneira e vigia, vítima e criminosa."

Os duros efeitos dessa autoimposição de esforços continuados não são difíceis de reconhecer. Quem não escapa a essa prática exploratória logo se vê extenuado, esgotando a um só tempo seu corpo e sua vontade. "É um cansaço fundamental, que acompanha de forma permanente e em toda parte a nossa vida como se fosse a nossa própria sombra", descreve Byung. Na sociedade do cansaço, pelas imagens dramáticas que o sul-coreano desenha com suas palavras, somos então sujeitos curvados que se açoitam com o próprio chicote, sujeitos que levam aos seus pés a prostrada sombra de sua exaustão. Eis como o capitalismo continua a nos explorar, fornecendo apenas, como novidade, uma ilusão de autonomia e liberdade.

De inúmeras maneiras a pandemia tem agravado essa situação já tão problemática, acentuando os nossos males. Poderia aqui falar sobre a prática do trabalho em casa, que alarga as suas margens e quer ocupar todos os horários. Poderia falar sobre a lógica da produtividade que invade outros setores da vida, que contagia os encontros informais, as relações familiares, o exercício da paternidade. Mas não terei a ambição produtivista de querer falar de tudo.

Por ora, me limito a comentar o que talvez seja um detalhe, um problema menor em meio à profusão de sofrimentos pandêmicos: a difundida sensação de que as trajetórias laborais foram interrompidas, de que não há avanço possível numa infinidade de carreiras. É isso, creio, o que gera um inconformismo geral com a própria performance, e que passa a exigir medidas excepcionais, movidas pelo desespero. É por isso, talvez, que nos vemos impelidos a insistir de todas as maneiras, a duras penas, indiferentes às graves consequências que podemos sofrer. Na luta contra um fracasso que é mais do mundo do que nosso, esgarçamos os nossos corpos, esfalfamos as nossas mentes.

O que perdemos com esse estado de coisas é de um tamanho imenso que não cabe no texto. Mas sinto que, entre as coisas que perdemos, está algo de valioso e vivo: está o prazer. Não qualquer prazer, é claro, porque cada um vai encontrando seus gostos compensatórios, suas alegrias comezinhas, suas satisfações pequenas. Mas, sob o assédio das pressões internas que nunca cessam, perdemos um prazer mais livre, um prazer impoluto, ocioso, intocado pelas angústias e pelo sentimento de insuficiência. Como se o gozo só pudesse ser um extravasamento, nunca uma alegria plena.

E não sei, não quero extrapolar o argumento, mas talvez percamos também, de muitas maneiras, a possibilidade da arte. O ímpeto artístico não costuma suportar bem as exigências de produtividade, raramente responde com tranquilidade a pressões externas. Sua lógica é a da inutilidade, do objeto que não encontra lugar entre os bens conhecidos, da linguagem que abdica de uma comunicação imediata para chegar a uma compreensão de outra ordem. Sem ócio, sem silêncio, a arte talvez acabe por se fazer superficial e ordinária.

Há mais de um ano, quase não consigo me fechar em palavras para produzir algo de literário. Tudo o que minha ânsia produtiva me devolve são estes textos regulares, que pouco me bastam, que só me oferecem o prazer secundário de me colocar em contato com o mundo, de testar se ainda há uma comunicação possível, se ainda há diálogo. É algo, mas não é tudo. Por ora, prefiro abrir a porta deste escritório e encontrar as minhas filhas, que me esperam com seu abraço inútil, cheio de prazer, de ócio, de arte.

Sobre o rosto monstruoso
do mundo

Nenhum choro foi mais estridente, neste tempo de choros sentidos, tristes, desvalidos, nenhum choro foi mais intenso que o da minha filha ao se deparar com o meu rosto nu. Era a primeira vez que me via sem barba, meu rosto sem ocultamentos, a primeira vez que via a pele do meu queixo, a totalidade das bochechas. Meu rosto era a razão de seu desespero, eu me tornava seu monstro, encenava em vigília, talvez, um de seus primeiros pesadelos. Meu rosto era algo terrível, a um só tempo familiar e estranho, a encarnação do inquietante freudiano. Eu era, por um instante, o seu mundo desfeito, a ruína de suas certezas. Quem convencerá uma menina de um ano e meio de que seu pai não foi trocado por um homem qualquer que se parece com ele apenas vagamente?

Foi tão grande o choque que ela logo quis fugir à consciência, suspender seus sentidos, tomada por um sono irresistível que me exigiu imediata diligência. Contrariada, ela se entregou às garras de seu monstro, ao colo de seu susto, e ouvindo as canções costumeiras se deixou embalar por seu pesadelo. Apertava os olhos para não me ver, suas pálpebras tremendo, e então os abria para me olhar de esguelha, para conferir se era o pai ou o horror quem a ninava com um carinho suspeito. Quando eu lhe devolvia o olhar, ela fingia dormir, e esse foi o nosso movimento até que, nos meus braços, ou nos braços de outro, ela fingiu tão bem que finalmente dormiu.

Pude então, com seu sossego provisório, observar o meu próprio rosto no espelho, observá-lo com máxima atenção, e só por uma concessão ao comedimento adulto não cedi também ao desespero. Há sete anos não me via desse jeito, há sete anos a barba era vasta e espessa e de alguma maneira me protegia, me alienava de mim. Era inquietante voltar a me ver, inquietante em seu sentido pleno, carregado de ambivalência: não era só a presença de um estranho na minha imagem mais íntima, mas também a aparição do que deveria ter permanecido oculto, reprimido, secreto. Visto de muito perto, meu rosto era uma vastidão de poros e curvas e rugas que não me pertenciam, que me eram desconhecidos: visto de muito perto, eu era monstruoso até para mim mesmo.

Tive que me afastar do espelho para chegar a pensar que havia algo mais naquele sentimento, ou que ele guardava alguma relação com o que todos temos vivido nestes tempos. Que impressionante estranheza temos notado no rosto do mundo, que monstruosidade ele agora assume diante dos nossos olhos ingênuos. Há algo de terrível nas feições do mundo, algo que nos espanta, nos assusta, nos inquieta e poderia nos convidar ao choro estridente, se fôssemos mais sinceros. Algo que vai abatendo, progressivamente, cada uma das nossas certezas. Quem nos convencerá de que nosso mundo não foi trocado por um mundo qualquer que se parece com ele apenas vagamente?

Algo nos foi exposto com súbita crueza, sem mais ocultamentos, algo que talvez jamais desejássemos ver. A impiedade, a injustiça, a ignorância extrema compõem a pele agora à mostra de um mundo que já nos foi familiar, mas que se degradou tanto que já não o reconhecemos. É nos braços desse mundo que nos deixamos embalar, que ouvimos nossas canções costumeiras, que dormimos ou fingimos dormir, incapazes de qualquer resistência. Comprimimos os olhos para turvar as imagens, mas quando os abrimos ele ainda está lá, ele também nos contempla e se funde a nós, muito mais íntimo do que gostaríamos de admitir. Esse mundo monstruoso também é composto por nós mesmos.

Quando acordou, Penélope já não sofria tanto, seu desespero era bem mais sutil, talvez não passasse de uma aflição menor que ainda a obrigava a desviar o olhar. Foi pelos outros sentidos que ela começou a se reaproximar de mim, procurou meu colo seguidas vezes, apertou-se aos meus ombros com força inédita. Primeiro buscou meu queixo com sua mão pequenina e se pôs a acariciá-lo, lentamente. Depois vieram os beijos, inesperados e insistentes, os primeiros toques de sua boca na minha bochecha, beijos carregados de reencontro e perdão, da generosa absolvição dos meus defeitos que ela enfim conhecera. Aqui já não encontro a correlação perfeita, mas sinto que temos algo a aprender nesse esforço radical de adaptação, nesse cuidado extremo, nessa entrega carinhosa ao ser que lhe resta, ao tempo que vem pela frente.

A viagem dos elefantes

Hoje quero falar sobre elefantes. Sei que a morte cobre o mundo de sombras, sei que há desmando, arbítrio, horror, negação, que tudo isso merece nossa máxima atenção, mas peço licença para falar sobre elefantes. Não do elefante em sua carnadura genérica, não da nossa incerta ideia de elefante, isso não. O que cativa no momento minha concentração são elefantes específicos, quinze indivíduos-elefantes que fugiram de sua reserva natural, e agora vagueiam por populosas províncias chinesas causando pasmo e sobressalto. Vagueiam há mais de um ano sem rumo e sem razão, até onde sabemos, mas é certo que nunca bem compreendemos a razão dos elefantes. "Entre falar e calar, um elefante sempre preferirá o silêncio", já previu Saramago.

A notícia poderia se confundir com um desses acontecimentos frívolos que insistem em atravessar nossos assuntos graves e sérios, uma dessas histórias insólitas que nos distraem e nos alienam — e, sim, é bem capaz que não passe disso. Mas, se destilo aqui alguns parágrafos a respeito, é por achar que podemos sorver mais, que nesse caso pode haver algo de delicado e surpreendente a nos nutrir. Ou então por guardar a convicção, na esteira de Auerbach, de que "qualquer acontecimento, se for possível exprimi-lo limpa e integralmente, interpretaria por inteiro a si próprio e aos seres humanos que dele participassem", sendo esse um dos fins últimos da literatura. Aí está, na falta da razão dos elefantes, encontrei a minha: escrevo a esmo sobre eles porque talvez possam dizer algo sobre nós, sobre nossa vontade de fugir, nossa ânsia por liberdade, dispersão, desterro.

Sobre os animais em si não há muito a contar: desastrados e lentos, um tanto desorientados, em pouco mais de um ano perfizeram quinhentos quilômetros, devoraram plantações, cruzaram ruas desertas, refrescaram-se em riachos. Certa tarde, tiraram uma longa soneca escorando uns nos outros a vastidão de seus corpos, os mais inquietos subindo-se ao lombo dos sossegados. A grande ocorrência foi o parto de um bebê-elefante durante o trajeto, forte indício de que não são movidos pela desistência, de que ainda investem na permanência da vida. Fundamentalmente, têm comido muito, sua busca incessante por comida tem sido bem-sucedida. Saramago já o indicava, perito em paquidermes literários: "um elefante come o que pode, quanto pode e onde pode, e o seu princípio é não deixar nada para trás que possa vir a fazer-lhe falta depois".

Muito mais imprevisíveis e estranhos são os animais que resolveram seguir de perto essa viagem, os tais seres humanos que hoje somos. Quatrocentos e dez guardas foram escalados para escoltar a trupe, e catorze drones a sobrevoam sem descanso para captá-la de todos os ângulos. Números modestos se confrontados à gigantesca multidão que passou a acompanhar dia a dia essa jornada, como se assistisse a um reality show, embora com participantes mais discretos e calmos. Um entretenimento que eu não hesitaria em reputar ridículo, se eu mesmo não tivesse perdido hora importante a admirar os elefantes, mesmerizado por sua massa imponente, por seus gestos parvos, por seus ventres balofos que poderiam desabar a qualquer momento — como bem descreveu Drummond, outro ávido observador de elefantes.

A esta altura conhecemos o nosso tempo; já sabemos que, se uma multidão se põe a contemplar com indolência a mesma paisagem, não demorarão a surgir as polêmicas. Como de costume, elas abrangeram várias áreas do conhecimento: houve os que denunciaram os prejuízos econômicos deixados no rastro desses seres intrépidos, houve os que atentaram ao impacto sanitário, houve quem acusasse o risco à vida humana. Contra esses se insurgiram os defensores da outra vida, os que viam nos elefantes as verdadeiras vítimas, afetadas pelo aquecimento global e pelo avanço das gentes sobre seu ecossistema. Nisso tudo humanos e elefantes em nada se parecem: os primeiros muito mais afeitos a falatórios do que ao silêncio.

Por sorte, os estudiosos de elefantes guardam algo da calma de seus objetos. Já vieram a público para sossegar a multidão acalorada e afirmar que os animais não estão em sofrimento, e que não avançam porque o mundo se fez hostil contra eles. Pelo contrário, talvez avancem porque proliferaram, e porque a cada passo ainda encontram terras amigáveis e generosas. Menos que fugir, exploram, aventuram-se em novos territórios. São capazes de abandonar sua terra sem recear que tudo se perca, ou que ela seja tomada por seres terríveis, destrutivos. São capazes de pisar o desconhecido sem achar que tudo sabem de partida, que não haverá nada para ver na próxima pradaria, nada que não resulte temível ou doentio.

São inocentes os elefantes, é o que entendo ao ouvir seus intérpretes. O mundo ainda é franco e aberto aos elefantes, o mundo é para eles o que talvez tenha chegado a ser para nós, em dia longínquo, prenhe de futuro. Têm ainda uma chance os elefantes, é isso o que descubro, é isso o que invejo ao vê-los vagar, entendendo enfim meu interesse excessivo. Talvez não seja impossível aos elefantes construir um futuro diferente deste em que nos encontramos, um futuro de liberdade, encanto, simplicidade e justiça. Perdoe a impertinência, leitor: minha vontade hoje era ser elefante.

Um ano de silêncio

Meio milhão de mortos, esta noite devemos chegar a meio milhão de mortos. Se guardássemos meio milhão de minutos de silêncio, em condolência pelas vítimas do despautério e da doença, passaríamos calados mais de onze meses, 347 dias, 8333 horas e vinte minutos. Talvez fosse insuficiente ainda assim, talvez nem durante um ano de mudez e suspensão dos movimentos chegássemos a compreender a dimensão da tragédia. Talvez devêssemos calar por mais tempo, passar a vida calados, nos tornar taciturnos e tristes, mas isso não faremos. Falar, neste contexto, a isso nos levou o descalabro, é a um só tempo um ato indecoroso e um imperativo ético.

Falar e dizer o de sempre, repetir o que sabemos até o cansaço: vocês me leem e já entendem, eu nem preciso procurar as palavras certas. Se eu me permitisse seguir o automatismo da linguagem, deixaria que este texto se enchesse das costumeiras imagens multitudinárias, estádios lotados, avenidas apinhadas, necrópoles que se alargam, imagens que tentassem comunicar o tamanho do desastre. Mas para quê? Com a morte de tantos corpos, morrem também as palavras, o próprio sentido fenece, os textos se fazem cadáveres. Um dia teremos que enterrá-los, enterrar todas estas páginas que produzimos sobre a morte serial, constituir com elas um cemitério de textos mórbidos, desagradáveis, textos que nunca mais entenderemos. Vejam como o sentido se turva, como as palavras se fazem inexpressivas e inexatas, vejam como dizem pouco. As palavras não são nada diante da catástrofe.

Não nos calaremos, isso é certo, mas já suspeito que venhamos a cumprir de alguma maneira esse ano de silêncio. O luto que nos aguarda é enorme, não se espere uma dor efêmera. Às ruas retornaremos hoje mesmo, e não demoraremos a retornar aos grandes encontros entre familiares, entre amigos, aos jogos, aos shows, às festas com milhares de desconhecidos, será incontível o ruído. Mas não nos iludamos, não nos enganemos: em cada palavra alegre que dissermos estará contida a palavra calada. Cada grito de euforia será sucedido por esse silêncio, ainda que fugaz, imperceptível. Um silêncio condoído, respeitoso, justo, mas que, arrisco, nem por isso deixará de nos fazer reféns.

Talvez nos vejamos tentados a falar para cobrir o silêncio, talvez seja o que desde já vamos fazendo. Por isso as infinitas discussões sobre assuntos mínimos, essa tão ampla disposição para a polêmica, a altercação, o entrevero — são tantas as formas de discutir que um nome só não as encerra. Por isso também o benquisto esforço pelo riso, neste país que perece, mas não abre mão da troça, da galhofa, da zoeira — nisso também os nomes não escasseiam. Brigamos, brincamos, e assim vamos burlando o luto, vamos adiando o silêncio que poderia nos consumir. Nosso ano por vir de silêncio será feito também de desavenças e zombarias, isso sabemos.

Já me aproximo do fim: vejo que, sobre o silêncio, não tenho muito a dizer. Noto que tudo o que digo vem carregado de ambivalência: caberá respeitar o silêncio, mas também combatê-lo, caberá aceitar sua presença, mas não deixar que ele nos anule de vez. O silêncio é a forma solene de contemplar a tragédia, mas ele próprio pode se tornar a doença. Volto a Natalia Ginzburg, italiana de outro século, que é quem melhor nos lê: "O silêncio pode atingir uma forma de infelicidade fechada, monstruosa, *diabólica*: murchar os dias da juventude, tornar o pão amargo". A isso não podemos ceder, a esse quadro severo de silêncio não podemos sucumbir. Tanto já perdemos para a morte, e para os homens mortiços que a regem, que de nada mais podemos prescindir: nenhuma vida a menos, nem mesmo esta única vida que nos resta.

A vida em anticlímax

Fui a Araraquara fechando a porta do escritório, percorrendo num só gesto centenas de quilômetros. Não sofri pelo caminho nenhum imprevisto, nenhum percalço. Conversei pela primeira vez com um crítico literário que prezo muito, cujos textos sempre me movem. Vi apenas o seu rosto e o rosto da mediadora. Do público, vasto ou escasso, traço nenhum, nenhum relance, ninguém a cruzar as pernas com impaciência, ninguém a estalar dedos nervosos. Da massa incorpórea só o que recebi foram perguntas por escrito, objetivas e boas. Por horas discutimos a narrativa, e dali saímos sem narrativa nenhuma. Encerramos com a promessa de um dia, quem sabe, nos encontrarmos de verdade, numa mesa de bar, com cerveja, vinho, ruído ao redor, qualquer coisa que conturbe essa eficiência desoladora.

No último mês estive no Egito, na Inglaterra, em Brasília. No último mês não estive em parte alguma. Levei minhas filhas à escola, deixando-as no portão, trocando acenos com algumas mães com quem costumava trocar palavras. Fiz compras no mercado do bairro, me tomaram quinze minutos e nenhum olhar, no início da noite já estavam entregues em casa. Tudo acomodei na despensa e na geladeira, com as meninas subindo nas minhas costas, a mais nova escalando as minhas pernas a qualquer hora, exigindo colo: esse tem sido o cansaço dos dias. De noite cozinhamos algo rápido, ou pedimos comida por aplicativo. Um entregador não apareceu, ficou com os nossos hambúrgueres: para ele pode ter havido uma história, para nós não houve.

Dizíamos que sofria de déficit narrativo um amigo cujos relatos sempre careciam de algo, anunciavam uma emoção que não se cumpria, terminavam em anticlímax. Não sofria de impertinência ou irrelevância, é alguém que diz coisas interessantíssimas. Mas sofria de déficit narrativo porque julgava haver tramas onde não há, onde tudo se encerra sem conflito algum, sem surpresa ou viravolta, sem uma nuance qualquer que faça de um relato propriamente uma história. Hoje me sinto acometido pelo mesmo mal, sinto que estamos todos acometidos pelo mesmo mal. Vivemos o tempo do déficit narrativo — e, por coerência, por lógica, não pode haver impacto algum ao fim desta declaração exagerada.

Foi nesse tempo que resolvi me fazer cronista, ofício que nunca tinha desempenhado. É claro que a crônica, como toda literatura, sempre pode se limitar ao ínfimo, ao rotineiro, pode tentar dotar de significado o insignificante, evitando dessa maneira a espera do inesperado. Pode também, com alguma tranquilidade, espraiar-se no tempo e tomar emprestado algum peso do passado. Ainda assim, descubro agora, é quase sempre algum deslocamento o que instiga o cronista, o que o incita a tomar a palavra e enfim narrar. Se a vida não lhe oferece algo de minimamente insólito, de improvável, de curioso, um rasgo ainda que discreto no tecido do comum, resta-lhe pouco mais que o silêncio ou a metalinguagem.

Tantas vezes a literatura se vale do deslize, da sutil derrapada da vida a um ponto ligeiramente mais ao lado. Nestes tempos, o noticiário parece deter o monopólio do desorbitado, e aos seres comuns nos sobra um cotidiano pobre, carente do encontro e do desencontro. Seguimos a vida como se ela ainda preservasse sua matéria vital, como se ela não tivesse se tornado seu simulacro eletrônico. Removam-se das crônicas os abraços entre amigos, os esbarrões fortuitos nas esquinas, as festas, os bares, e não sei se o gênero sobrevive. Padece a literatura, mas esse é o menor dos males: remova-se tudo isso da existência cotidiana, substitua-se por sua cópia em telas luminosas, e não sei se a própria vida sobrevive.

Esta semana morreu uma vizinha querida do nosso prédio, morreu de covid. Era uma mulher robusta e feliz, vendia bolos, comprei dela algumas vezes os bolos que sua irmã fazia. Tinham um sabor que hoje a vida se recusa a ter, um sabor real, intenso, nítido. Soube de sua morte por aplicativo, e houve um comunicado oficial do condomínio que não fugiu ao linguajar oficioso. Posso imaginar algo da comoção sincera e fugaz em cada apartamento idêntico, posso imaginar lágrimas e um silêncio condoído, mas o caso é que não soubemos cultivar uma comoção coletiva. Ali ninguém lhe dedicou mais nenhuma palavra, dissipou-se sua existência sem mais narrativa. Hoje até mesmo a morte se vive em anticlímax.

A imoralidade da alegria

Estamos habituados à tristeza, nos dias comuns ela tem nos feito companhia, tem impregnado as notícias, tem ditado o tom de quase todas as conversas. Mas não será preciso, em dias futuros ou nestes mesmos dias, aceitar que aconteça também a alegria, nossa ou alheia, passageira ou contínua, sutil ou intensa? Não será tempo de revogar os interditos, suspender os julgamentos, deixar de imputar imoralidade à diversão e à euforia? Não caberá abrir espaço às ocasiões mais leves, ao prazer distraído, ao riso sincero?

Durante toda a pandemia, ou desde antes, nestes anos trágicos do nosso país, a alegria tem sido um ato envergonhado, um privilégio que nos concedemos por um instante, antes de nos desculparmos. Tem sido sempre uma alegria vigiada, pelos outros, ou pelo outro que guardamos dentro de nós. Para muitos, a alegria alheia se fez inseparável do risco: vejam só como estão felizes, como estão embriagados de prazer, como podem sucumbir a qualquer momento à imprudência, à irresponsabilidade, à indiferença? E então, depois de anos em que tínhamos de cumprir o imperativo de ser felizes, agora estamos obrigados a ser tristes, a calar ou usar a nossa voz apenas para a indignação e o lamento.

Penso na mais célebre anotação do diário de Kafka, em 2 de agosto de 1914: "A Alemanha declarou guerra à Rússia. — À tarde, natação". A inserção já foi lida como prova de alienação ou de frieza. Algo atroz acaba de se dar, o mundo está prestes a colapsar, e o indiferente Franz segue sua vida como se nada acontecesse, jovialmente resolve ir nadar. Nadando naquela tarde terrível, mostra a lamentável dissociação entre a vida pública, política, histórica, e a existência comezinha do indivíduo, em sua insignificância, em sua insensibilidade.

Ora, a reação de Kafka ao acontecimento sinistro não é ter ido nadar naquela tarde, mas justamente ter feito a anotação. Não se trata de um lembrete qualquer para si mesmo, e sim de uma inserção literária, como tantas outras passagens sintéticas e agudas que encontramos em seus diários. A chave de sua compreensão talvez esteja na pontuação, no indiscreto travessão que liga uma coisa à outra enquanto finge separá-las. Não há distância entre a vida coletiva e a particular: há entre elas contiguidade e tensão. Ainda assim, sua escolha é ir à natação, porque cancelá-la seria uma insensatez, um gesto de absoluta inutilidade, o pensamento mágico do homem comum que acredita ditar os rumos do mundo com suas ações menores.

A alegria nunca chegou a ser a vocação de Kafka, sendo até estranho evocá-lo neste meu texto sisudo sobre a necessidade de rirmos mais. Mas acho que, ali como aqui, estamos diante do mesmo engano: da noção de que haveria algo de inconciliável entre a dor e a distração, entre o horror e o escape. Mesmo entre alegria e tristeza nem sempre há oposição, não é preciso presumir sua incompatibilidade. A alegria é tantas vezes uma desconexão necessária, a quebra momentânea da desolação que permite encará-la com novos olhos, entendê-la melhor, agir para transformá-la. É também em si mesma uma finalidade, e não há nenhum sentido em adiar uma felicidade à espera de tempos mais felizes.

A associação indevida que muitos fazem é entre alegria e inconsciência, entre alegria e esquecimento. Por estarmos alegres, nos tornaríamos inconsequentes, atentaríamos contra as restrições pandêmicas e, com nossas ações menores, acabaríamos por ditar, sim, os rumos de um mundo doentio. O que se propõe em vez disso é um compromisso com a tristeza, com a solidão, com o enclausuramento excessivo, quando seria igualmente possível propor um cuidado cálido e vivo, até festivo por vezes, um cuidado que não abdicasse da satisfação e do contentamento.

Não me esqueço do esquecimento. Por estarmos alegres, supõem os críticos da alegria, correríamos o risco de esquecer os males que nos foram cometidos, e assim perdoar equívocos graves, absolver crimes oficiais. Nosso país, cumpre conceder, tem sido mesmo propenso a essa impunidade, tem mantido historicamente intocados tantos de seus algozes. Mas isso nada diz sobre a alegria, e confundir essas instâncias é criar uma aliança imprópria entre a política e a tristeza, entre a política e a amargura. E se algum afeto nos trouxe a este indizível estado de coisas, talvez tenha sido justamente a amargura, a confluência infeliz entre a política e o ressentimento.

"Se eu não puder dançar, não é a minha revolução", disse celebremente a feminista Emma Goldman, citada por outra feminista, a que se recusava a parar de dançar na sala da nossa casa, me convidando a entrar na dança. Se eu não puder dançar, e cantar em uníssono com voz instável, e partilhar um mesmo riso desabrido, não é a minha pandemia.

O que será da escrita sem solidão?

Já não resta na minha vida nenhuma solidão. Me pergunto se haverá solidão em algum lugar, se alguém ainda é capaz de estar só, de alcançar um estado de solidão. Não me refiro, claro, à penúria afetiva, ao abandono, ao desamparo, males diários que se encontram por toda parte, no meio da multidão. Penso mais num silêncio dilatado, vasto, num silêncio que é a ausência de notícias, de palavras, de ruídos. Penso num retiro íntimo, um lugar em que já não se ouça a respiração ofegante do mundo. Às vezes me bate um medo: nunca mais estarei só, ninguém nunca mais estará só, no abrigo de si mesmo.

Andei lendo *Escrever*, de Marguerite Duras, um relato de como ela construiu para si uma solidão densa, de como só assim se tornou capaz de escrever. "A solidão é aquilo sem o qual não fazemos nada", ela diz. "Aquilo sem o qual já não vemos nada. É uma forma de pensar, de raciocinar, mas só com o pensamento cotidiano." Para a escrita, nada seria mais necessário que a solidão, algum grau de asilo pessoal seria sua condição imprescindível. Fiquei pensando o que será da escrita quando já não houver, em absoluto, solidão. Fiquei pensando o que será da leitura quando não houver, em absoluto, silêncio.

Por anos, escrever me exigiu uma busca irrequieta por espaços calmos, espaços isolados do alvoroço que nos cerca, que nos acossa. Quando não consegui construir a solidão em minha casa, me refugiei no consultório abandonado do meu pai, me exilei em outro país no apartamento dos meus avós mortos, assaltei a casa de alguns amigos em férias, me recolhi em cantos ocultos de bibliotecas. Como se não pudesse ser visto, como se escrever fosse uma subversão, um segredo. Foi o mais próximo que cheguei da clandestinidade em que meus pais viveram durante a ditadura argentina. Buscar a solidão para escrever talvez tenha sido minha maior resistência ao ruído do mundo, e minha única forma de aventura.

A esta altura desisti de estar só. Me falta tempo para essas fugas, e já percebi que o mundo dispõe de fartos recursos para me achar onde quer que eu esteja. Fecho uma porta e é como se nada fechasse: o mundo está aqui dentro comigo, aflito, estridente. Quando consigo ignorar seus apelos, ouço minhas filhas no quarto ao lado, brincando, rindo, cogito me juntar a elas e me reprimo. Escrever deixou de ser ato subversivo e passou a ser, por vezes, cruel: ignoro minha filha que esmurra a porta e clama pelo pai enquanto não termino a frase da vez. Quando elas partem, ainda não há solidão: a casa reverbera os seus gritos, recria sua presença em infinitos objetos. Nesta casa nunca mais haverá solidão, e tudo o que eu escrever aqui trará essa marca indelével.

Já ninguém escreve só, em todo caso, por mais isolado que se creia. Por anos acreditei na figura do escritor solitário, soberano, decidindo com autonomia o tema de seu livro, sua forma, seu estilo. Hoje escrever se fez ato coletivo, dialógico, debatemos entre muitos o que é cabível, desejável, digno de repúdio. Acho que criaremos uma literatura melhor nesse processo, mais humana, mais sensível. Mas também perderemos muitos livros, perderemos a experiência que Duras descreve com entusiasmo, o escritor ainda sem tema diante de uma imensidão vazia. A escrita de mãos vazias, de mente vazia, aberta à aventura do livro por vir, desconhecido. Hoje há escritores que não escrevem porque aguardam uma aprovação prévia, própria ou alheia, que não lhes chegará nunca.

"Escrever é tentar saber o que escreveríamos se escrevêssemos", chego à frase mais célebre de Duras, quase no fim de seu ensaio, quando ela já sabia o que escrevera. Tem razão ela, escrever pode ser isso, como foi hoje para mim, decidindo eu mesmo o que escreveria, sem atender ao apelo das notícias, sem responder a um presumível anseio coletivo. E, no entanto, vejo agora que tinha pouco a dizer, que inventei algo a escrever enquanto escrevia só para fruir da solidão que enfim criei, precária e fugidia. Só para fazer da escrita um exercício prazeroso e intempestivo, fútil e livre.

O vulto atroz do país

De tudo fica o quê? O abandono de uma velha paz, de uma ilusão de paz, o lento despertar de uma nova lucidez. Éramos ignorantes e calmos, éramos festivos e sossegados, e então soubemos. Descobrimos, os que andávamos desatentos, que de um momento para o outro tudo pode estremecer, que pode desmoronar bem aquilo que julgávamos sólido, que podem ser soterradas de vez as nossas certezas caducas, tudo o que pensávamos garantir a nossa existência.

Descobrimos que de um mundo pode se abrir outro mundo, subitamente, mundo de ruas infectas, de museus esquecidos e parques desertos, mundo de escolas trancadas às crianças, perigosas inocentes. Descobrimos que se consegue cancelar um Carnaval, que pode haver razão para não mais convocar nenhuma festa, nenhum encontro que transgrida a necessária continência. Descobrimos que o mundo aceita se comprimir entre as nossas paredes, cada um relegado aos seus, à sua pequenez. E entendemos, com assombro e tristeza, entendemos que por trás de todo o vazio pode haver hospitais cheios de pulmões aflitos arfando por oxigênio. Entendemos que a vida pode ser essa coisa frágil que sorve o ar sem nunca se dar por satisfeita, e que então os pulmões podem desistir e deixar à míngua os corpos que deles dependem, tantos corpos a sucumbir ao mesmo tempo, massivamente.

E tudo isso bem quando acabávamos de descobrir que a nossa casa também pode ser hostil, pode ser infecta, que em suas paredes podem reverberar tantas palavras de ódio e insensatez. Bem quando acabávamos de descobrir que em cada tio distante, em cada primo que perdemos de vista, e nos vizinhos com quem trocamos sorrisos e acenos, e nos desconhecidos que pelas calçadas passam rentes aos nossos ombros, bem quando acabávamos de descobrir que em cada um deles pode haver um pequeno tirano, um aprendiz de déspota, um intolerante. Alguém disposto a pensar com a bile de seu intestino, a exalar em discursos precários e turvos apenas sua raiva, seu desprezo, seu ressentimento.

A história já tentava nos dizer, a literatura tentava nos dizer, mas não entendíamos, ainda não era possível entender. Os que nunca viram não sabem ler os textos dos que viram, dos que alguma vez conheceram de perto a impiedade humana e a fragilidade da existência. Percebo agora que nada sabia sobre a guerra quando li pela primeira vez "O filho do homem", de Natalia Ginzburg, nada sabia sobre o fascismo. Talvez não saiba nada ainda, mas leio esse pequeno ensaio e vou grifando linha a linha, à espera da passagem que não nos contemple, que não fale nada sobre o nosso tempo e o nosso país, tão distantes do tempo dela, do país dela. Não encontro essa passagem, grifo tudo, em tudo nos reconheço, em tudo sinto que estamos presentes.

Ginzburg fala da guerra e fala do fascismo, diz que, uma vez sofrida, jamais se esquece essa experiência, diz que ninguém nunca se cura de uma visão dessas. "Quem viu as casas desabando sabe muito bem quanto são precários os vasos de flor, os quadros, as paredes brancas. Sabe muito bem de que é feita uma casa. Uma casa é feita de tijolos e argamassa, e pode desabar. Uma casa não é tão sólida." Ginzburg diz que, por trás dos vasos e das flores, há "o outro vulto verdadeiro da casa, o vulto atroz da casa caída". E eu, que leio guerra e penso em pandemia, e leio fascismo e penso no bolsonarismo rasteiro de cada dia, me pergunto se alguma vez esqueceremos, se nos curaremos dessa visão, ou se veremos por toda a vida o verdadeiro vulto do país por trás da estrutura que nos abriga, o vulto atroz do país caído.

E o que faremos então dessa clareza, dessa revelação súbita, dessa lucidez que nunca desejamos e agora de surpresa nos visita? Bastará reconhecer o que tínhamos esquecido e seguir vivendo assim, a um só tempo mais conscientes e mais infelizes? Ginzburg parece pensar que sim, que algo ganhamos nesse processo: que já não podemos, depois de tudo isso, mentir nos livros, e mentir para os nossos filhos como vínhamos mentindo para nós mesmos. "E talvez este seja o único bem que nos veio da guerra. Não mentir e não tolerar que os outros mintam a nós." Sim, se escaparmos à mentira talvez combatamos justamente aquilo que destrói a casa, que corrói por dentro seus alicerces.

Mas não pode ser suficiente, não pode ser aí que se encerra o pensamento. Ginzburg parece se dar por satisfeita, e dizer que com isso já temos "uma dureza e uma força que os outros, antes de nós, jamais conheceram". Eu penso, embora não veja em nosso tempo tal ineditismo, e embora não consiga encontrar nada mais a dizer, penso que haveria outro mundo a construir com essa força e essa consciência que agora temos.

O fim do fim do mundo

Sente-se um fim, não se sente? Tenho adivinhado sob as máscaras sorrisos discretos, tenho visto nos olhos de muitos um brilho improvável, uma alegria furtiva. Há nas ruas um não sei quê, que nasce não sei onde, vem não sei como, e tem feito uma parte da dor arrefecer. Não é? A dúvida não se desgarra do sentimento, mas não o invalida: é quase nítida a sensação de que vivemos dias um pouco melhores, ou que dias muito melhores já não demoram a acontecer. Está claro que nada acabou, que ainda há razões para penar, se proteger, se indignar, e que tais razões não se anulariam de repente. Mas, não sei, sinto que já começou: que nada acabou, mas tudo começa a acabar.

Talvez seja porque tomei a vacina, e assim vejo desaparecer em mim um sutil medo da morte, que me habitava quase imperceptível, e vejo aparecer diante de mim um mundo renascido. Talvez seja pelo desfile virtual dos amigos protegidos, celebrando a vacina que enfim receberam, cada um deles a salvo, professando palavras de luta, confessando uma emoção incontível. Vejo seus rostos, ouço suas vozes, e sinto que se fazem palpáveis os abraços que logo nos daremos. Talvez seja pelos números que se amenizam, pelas curvas dos gráficos em acentuado declínio, e já aprendemos que as curvas não são curvas, que os números não são números: que há nos algarismos vidas insondáveis, vidas que já não serão descartadas tão massivamente. Incertas e esquivas têm sido as palavras, mas há, sim, algo nisso tudo que se aproxima do alívio.

O fim do mundo está chegando ao fim. Por isso, por esse paradoxo que se faz vívido, a palavra "fim" não chega a dar conta do sentimento, quase que o contradiz. Vínhamos presenciando um mundo saturado de fins, carregado de destruições cotidianas e prenúncios mortiços. Um mundo em que o fim acontecia por toda parte, ou podia acontecer a qualquer instante — sendo essa, justamente, uma das definições modernas para a noção de crise. Se lentamente vamos saindo dessa crise é porque já não vislumbramos alguns dos desfechos mais soturnos, ou porque já os enfrentamos em nossas piores noites, e agora começa a amanhecer o dia seguinte. O que desponta, então, não é um desfecho, e sim um início possível, uma aurora de contornos indistintos.

Se me deixo assumir essa percepção tão tênue é por uma razão maior, motivo de um sorriso menos discreto: porque vejo a se desmontar a grande máquina produtora de fins, esse governo feito de homens trágicos e destrutivos. Eles ainda estão lá, ainda nos governam, ocupam os mesmos cargos, repetem suas barbaridades tão conhecidas, desempenham dia a dia seus ofícios sombrios. Nada disso esconde o fato de que eles estão perdidos e desamparados, eles definham, uma condição que o presidente chega a manifestar com ruído em seu próprio corpo, sintomaticamente. O que lhes falta não é o poder, e sim a promessa de poder futuro, sem a qual todo governo perece.

Uma promessa de futuro: eis o que o fim desses dias atípicos há de nos restituir, eis o que nos vai sendo pouco a pouco devolvido. Por mais de um ano todo futuro pareceu duvidoso, uma projeção inocente e irrealista. A própria literatura, onde costumamos abrigar alguns de nossos anseios mais felizes, fez-se a expressão de um futuro inexistente, assolado pelos temores do presente. Nas primeiras ficções pandêmicas, o futuro oscilou entre duas versões igualmente terríveis. Que, encerrada a quarentena, todo desejo estaria vencido e ninguém mais iria querer sair, como no conto de Etgar Keret do *Projeto Decamerão*. Ou, o contrário disso, que todos acabaríamos nos entregando a uma histeria coletiva, uma festa infinita e mortífera, um "fim do mundo travestido de reinauguração", como bem descreveu Bernardo Carvalho em *O último gozo do mundo*.

Não sei, embora ainda relevantes e expressivas, já não sinto realistas essas leituras extremas, sinto que algo de melhor o futuro nos reserva. O possível fim do fim do mundo, ou ao menos o prenúncio de fim do fim do país, talvez nos permita ficções mais serenas. "A imaginação se encontra sempre no final de uma era", escreveu o poeta Wallace Stevens. Se agora uma era começa a encontrar seu fim, será tempo de fundar um mundo bem diferente deste que nos mantém cativos. Será tempo de imaginar outros caminhos, outros destinos, abraços palpáveis, brilhos improváveis, alegrias furtivas. Sim, eu acho que se sente um fim.

Por um triz

Por um triz, passamos por um triz. Foi o que senti há poucos dias, na primeira vez em que voltei à sala de aula e me vi novamente cercado por alunos animados e apreensivos. Algo de fundamental podia ter se perdido. Estivemos a ponto de aceitar que bastava ver a imagem dos nossos rostos, ouvir nossas vozes eletrônicas, não mais vivenciar proximidades, não mais nos tocarmos, existirmos sem corpos. Um ano a mais, um risco a mais, uma restrição mais longa, e teríamos sucumbido. Estivemos a ponto de prescindir daquilo que há de imprevisível no encontro. Porque, sim, é em presença que pode se dar algo de incerto e inesperado, algo de raro, e essa talvez seja a única verdadeira vantagem sobre as facilidades da vida virtual. Passamos por um triz de perder o imponderável.

Senti naquele momento a delicadeza de tudo, a fragilidade que sustenta a nossa existência, o nosso mundo. Falava sobre algo por si mesmo frágil e delicado, falava sobre literatura, essa arte que se quer eterna, indistinguível da experiência humana, mas que sofre com imenso impacto os efeitos do tempo histórico, de seu perpétuo presente convulso. Tantas eternidades já definharam num instante. Por um triz temos passado, escritores, críticos, leitores. Incontáveis vezes estivemos a ponto de ver tudo transtornado, de já não encontrar sentido nos livros, de acabar por esquecê-los em estantes desordenadas, em bibliotecas cobertas pela poeira dos séculos. E, no entanto, talvez esteja nessa debilidade alguma beleza da literatura, talvez seja por sua fragilidade que ela se faça mais necessária.

Saí pensando nisso tudo e me peguei observando as ruas. Era noite, e as calçadas sombrias não escondiam a quantidade de pessoas amparadas pelos muros, escoradas em paredes alheias, despossuídas de qualquer teto. O país é só infortúnio, pensei, e voltou a me assaltar a mesma ideia de antes, que agora me parecia quase otimista: temos passado por um triz. Um país pode ser tão frágil quanto uma abstração, a qualquer momento suas bases imprecisas podem deixar de existir. Num instante, tudo pode se ver transtornado, tudo aquilo que um dia chegamos a julgar garantido. Um ato a mais, um acinte a mais, mais uma decisão abusiva e então já não encontraremos abrigo, democracia, justiça. Mas talvez, eis o que então me acalmou, talvez também a compreensão dessa nossa fragilidade coletiva nos permita, em pouco tempo, quando acabar o pesadelo, subsistir.

Já me aproximava de casa quando me atacou o último pensamento agônico, temos passado por um triz. Agora já não pensava na vida social, ou na literatura, ou no país, pensava numa entidade maior, que tudo inclui e tudo subordina a si: a humanidade inteira tem passado por um triz. Talvez o conjunto vasto de agonias responda justamente a essa ameaça única e superlativa. A cada dia a humanidade tem assolado a terra onde vive, ignorante de sua própria fraqueza e sua pequenez, ou indiferente à sua finitude. Em pouco tempo poderia ela própria sucumbir, milhões de milênios antes do que se poderia prever. Ou então temos a chance de compreender essa superlativa delicadeza, a fragilidade do mundo que nos alberga, e tratar de preservar sua necessidade e sua beleza.

E se tudo tem passado por um triz, pensei já abrindo a porta de casa, talvez isso afirme afinal a suma necessidade de estarmos juntos, de nos encontrarmos com corpos e com vida, como se a morte pessoal ou massiva estivesse logo ali, numa noite próxima e qualquer. Só isso, só a existência em coletivo dá sentido à humanidade, a uma ideia de país, à literatura, a um encontro sensível. Só algum sentimento de comunidade pode preservar nossos afetos frágeis, e os sentidos delicados que inventamos para sobreviver, antes que nos surpreenda e nos consuma o fim.

ESTA OBRA FOI COMPOSTA EM ELECTRA PELO ACQUA ESTÚDIO E IMPRESSA
PELA GRÁFICA PAYM EM OFSETE SOBRE PAPEL PÓLEN BOLD DA SUZANO S.A.
PARA A EDITORA SCHWARCZ EM ABRIL DE 2022

A marca FSC® é a garantia de que a madeira utilizada na fabricação do papel deste livro provém de florestas que foram gerenciadas de maneira ambientalmente correta, socialmente justa e economicamente viável, além de outras fontes de origem controlada.